KB066431

사장이 가장 많이 겪는 회사 소송 33

사장이라면 한번은 겪게 되는 소송 이슈를 한 권에

사장이 가장 많이 겪는 회사 소송 33

김민철 지음

센시오

사장이라면 한번은 겪는
회사 소송 BEST 33

직장인들 중에 '회사 때려치우고 창업이나 해볼까?'라는 생각을 한 번도 안 해본 사람은 그리 많지 않을 겁니다. 그러나 대부분 생각만으로 그치는 이유는 창업이라는 게 결코 만만한 일이 아니기 때문입니다. 야심차게 회사를 차렸다가 쓰디쓴 실패를 경험한 사람들의 이야기는 차고 넘치게 많습니다.

회사를 운영할 때 필요한 것은 고유의 기술이나 제품 같은 확실한 수익원, 직원 관리, 효율적인 자금 집행만이 아닙니다. 홍보와 마케팅도 빼놓을 수 없고, 세금도 잘 챙겨야 하죠. 그리고 절대 간과해서는 안 될 부분이 있으니 바로 법률 분야입니다. 기업인의 입장에서는 아무래도 기술, 재무, 인사에 비해 법률에 대한 관심이 낮기 마련입니다. '불법만 안 저지르면 돼'라거나 '사업하기도 바쁜데 일일이 법까지 신경 쓸 여력이 어딨어?'라고 생각하면서 말이죠. 하지만 기업이 경영활동을 할 때 법은 매우 중요합니다. 자칫 잘못하면 법률 위반으로 거액의 손해배상금을 지급하거나 형사처벌을 받을 수도 있거든요.

그렇기 때문에 사장이라면 법에 어긋난 행동을 하지 않기 위해서 법을 잘 알아야 합니다. 회사를 운영하면서 얼마든지 맞닥뜨릴 수 있는 소송 문제들에 대해서도 어느 정도는 알고 있어야 합니다. 그런데 생각보다 법은 어렵습니다. 수많은 법이 있으며 수시로 바뀝니다. 특정한 행동이 법에 어긋나는지 아닌지가 명확하지 않을 때도 많습니다. "모르는 게 약"이라는 말이 있지만, 이 말은 법률 분야에서는 통하지 않습니다. 수사기관이나 법정에서 '그런 법이 있는 줄 몰랐다'라는 변명은 통하지 않으니까요.

억울한 피해를 당하지 않기 위해서라도 법을 알아야 합니다. 납품받은 물건에 하자가 있을 때, 공사대금을 받지 못했을 때, 부당하게 비난받을 때 회사를 지켜줄 수 있는 건 바로 법입니다.

웬만한 대기업은 내부에 법무팀을 두고 있습니다. 어떻게 보면 이건 다소 의아한 일입니다. 기업의 주된 목표는 사업을 통해 이익을 얻는 것인데, 법무팀은 직접적으로 수익을 창출하지 않으니까요. 회사의 단기적인 수익만 생각하면 법무팀을 아예 두지 않는 게 나을 것 같지만, 대기업 대부분이 법무팀을 두는 건 그것이 장기적으로 회사에 이득이 되기 때문입니다.

대기업과 달리 중소기업들은 회사 내부에 법무팀을 운영하기 어렵습니다. 대기업에 비해 상대적으로 자금 사정이 여유롭지 않기 때문입니다. 그러나 중소기업이라고 법이 필요하지 않은 건 아닙니다. 오히려 대기업보다 법이 더 절실하게 필요한 경우도 많습니다. 그런 경영인들에게 조금이라도 도움이 되고자 하는 마음에서 이 책을 쓰게 되었습니다.

이 책은 장황한 법리를 설명하는 이론서라기보다는 실제로 활용 가능한 지식을 전달하는 실용서에 가깝습니다. 그동안 실무 경험을 통해 자주 접했던 사건 위주로 주제를 잡았고, 기업을 운영하는 경영진이나 실무를 담당하는 직원들이 알아야 할 필수적인 사항을 위주로 서술했습니다. 명예훼손, 횡령이나 배임, 직원 채용과 관리, 손해배상 등 회사를 경영하다 보면 누구나 한 번쯤은 겪을 수밖에 없는 사건들을 다룸으로써 어떻게 문제를 처리하고 어떻게 해야 손해를 덜 보는지 등에 관한 실질적인 해결책을 제시하고 있습니다.

물론 이 책 한 권으로 모든 법률문제를 예방할 수 있거나 해결할 수 있는 건 아닙니다. 하지만 이 책의 내용을 숙지하면 회사를 운영하고 업무를 진행할 때 어떤 부분을 주의해야 할지 알 수 있습니다. 문제 상황이 생겨서 당황스러울 때 올바른 방향을 제시할 수도 있으리라 생각합니다. 한 번도 가본 적이 없는 곳을 찾아가려면 덜컥 두려움이 생기지만, 지도나 네비게이션이 있다면 그 두려움은 한층 줄어들게 마련입니다. 이 책이 그런 역할을 했으면 좋겠습니다.

책을 출간할 때마다 뿌듯하면서도 설레지만, 한편으로는 부담감도 느낍니다. 출간을 제안해준 출판사 센시오에 감사를 전합니다. 일을 하면서 책을 쓰는 게 버거울 때도 있지만, 그 버거움을 이겨낼 수 있게 해주는 원동력은 주변 사람들의 묵묵하고 따뜻한 응원입니다. 가족, 친구, 지인들에게 고맙다는 말을 건넵니다.

김민철

3장
경영하다 보면
한번은 겪게 되는 분쟁 사건

4장
계약서 문장 하나로
회사가 뿌리째 뽑힌다

5장 심심치 않게 회사에 손해를 끼치는 사건들

1장

사장이 몰랐다간
회사가 휘청이는
형사 사건

case 1

명예훼손은 무엇이고, 어떻게 대처해야 할까?

사례

신주문 씨는 배달대행업을 하고 있습니다. 고객이 앱으로 음식을 주문하면 신주문 씨 회사의 직원들이 음식을 고객에게 배달하는 사업이죠. 신주문 씨의 사업은 초기에 어려움을 겪었지만 코로나19로 분위기가 반전됐습니다. 사람들이 외출을 자제하면서 배달 수요가 대폭 늘어난 것입니다.

그런데 매출과 영업이익이 크게 증가될 무렵, 신주문 씨 회사는 의외의 타격을 받았습니다. 한 인터넷 커뮤니티에 신주문 씨 회사를 비방하는 글이 게시된 것이죠.

"신주문 씨 회사는 배달기사들을 착취하는 악덕 기업이다. 밥값도 제대로 주지 않고 하루 종일 죽어라 일만 시킨다. 열심히 일하면 정규직으로 채용한다더니 새빨간 거짓말이다. 문자 한 통으로 갑자기 해고당했고 정규직 전환자는 한 명도 없다."

사실과 전혀 다른 내용이었지만, 이 글은 각종 SNS를 타고 급속도로 퍼졌습니다. SNS에는 신주문 씨 회사를 비난하는 댓글이 줄을 이었고 매출은 급격하게 떨어졌습니다.

"대체 누가 이런 허위 사실을 유포한 거지?"

신주문 씨는 너무 억울하고 화가 났습니다. 일생일대의 위기에 처한 신주문 씨, 어떻게 해야 할까요?

개인의 명예만큼 중요한 기업의 명예

대부분의 광고는 개별 제품을 소개하는 광고지만, 개별 제품이 아니라 기업 자체를 홍보하는 광고도 있습니다. 기업이 막대한 자금을 투입하면서까지 기업 광고를 제작하는 이유는 기업 이미지를 좋게 만들기 위해서입니다. 긍정적인 기업 이미지는 매출로 이어지니까요. 반대로 기업이 부정적인 이미지를 얻으면 매출에 직격탄을 맞고 때로는 시장에서 완전히 퇴출되기도 합니다.

명예란 "세상에서 훌륭하다고 인정되는 이름이나 자랑 또는 그런 존엄이나 품위"를 뜻합니다. 그러니 다른 사람의 명예를 떨어뜨리는 행위는 명예훼손(名譽毀損)입니다. 명예훼손은 일반적으로 보통 사람(자연인)이 피해자이지만, 회사 같은 법인도 명예훼손의 피해자가 될 수 있습니다.[1] 개인의 명예만큼 기업의 명예도 소중하기 때문이죠.

명예를 훼손하는 방법은 크게 두 가지입니다. 하나는 허위의 사실을 적시하는 것이고, 다른 하나는 진실한 사실을 적시하는 것입니다. 여기서 '진실한 사실을 적시하는 것'도 명예훼손에 해당된다는 점에 유의해야 합니다. 실제 있었던 일이더라도 그런 표현이 다른 사람의 사회적 평가를 저하시키면 명예훼손이 된다는 것입니다. 예를 들어 특정 연예인이 불륜을 저질러 재벌의 아이를 낳은 게 사실이라고 하더라도, 그러한 사실을 공개적으로 표현하면 명예훼손이 될 수 있습니다.[2]

그러니 허위 사실로 명예를 훼손한다면 더 무거운 처벌을 받는 건 당연합니다. 진실한 사실인 경우에는 2년 이하의 징역이나 금고 또는 500만 원 이하의 벌금에 처해지지만, 허위 사실인 경우에는 5년 이하의 징역, 10년 이하의 자격정지 또는 1,000만 원 이하의 벌금에 처해집니다.[3]

---

1 대법원 2000. 10. 10. 선고 99도5407 판결
2 대법원 1994. 4. 12. 선고 93도3535 판결
3 형법 제307조

온라인 공간에서 명예를 훼손하면 형벌이 더욱 가중되는데, 온라인은 오프라인에 비해 소문의 전파 속도가 훨씬 빠르고 널리 퍼지기 때문입니다. 진실한 사실인 경우에는 3년 이하의 징역 또는 3,000만 원 이하의 벌금이, 허위 사실인 경우에는 7년 이하의 징역, 10년 이하의 자격정지 또는 5,000만 원 이하의 벌금에 처해집니다.[4]

이게 바로 명예훼손

명예훼손은 '사실'을 적시하여 다른 사람의 명예를 깎아내리는 것입니다. 사실을 적시하는 행동과 의견을 표현하는 건 다릅니다. 명예훼손죄가 성립하려면 의견 표현을 넘어, 구체적인 사실의 적시가 있어야 합니다. 법원 판례에 따를 때, 사실의 적시는 시간과 공간적으로 구체적인 과거 또는 현재의 사실관계에 관해 진술하는 것이고, 의견 표현은 가치판단이나 평가를 하는 것입니다. 사실 적시는 객관적 사실을 말하는 행동인데 반해, 의견 표현은 주관적인 생각을 표출하는 행동이죠. 실제 사례를 통해 감을 잡아볼까요?

---

4   정보통신망 이용촉진 및 정보보호 등에 관한 법률 제70조

① 갑 단체는 친일 세력을 등에 업은 기득권 정치 세력으로 볼 수 있다.

② 이들은 일제강점기에 한국의 시장경제와 자본주의가 정비되었다고 평가하고 있으며, 일제강점기가 우리 근대사에 큰 발전을 가져왔다고 평가하면서 이에 감사해야 한다고 말한다.

위 글에서 ①번 문장("갑 단체는 친일세력을 등에 업은 기득권 정치 세력으로 볼 수 있다.")은 주관적 의견 표현입니다. 그런데 ②번 문장("이들은 ~ 감사해야 한다고 말한다.")은 사실의 적시입니다.[5]

어떤 발언으로 다른 사람의 사회적 평가가 낮아진다고 해서 무조건 명예훼손이 되는 건 아닙니다. 진실한 사실이면서 공공의 이익을 위한 발언은 명예훼손이 아닙니다.[6] 공공의 이익은 널리 국가·사회, 그 밖에 일반 다수인의 이익에 관한 것뿐 아니라 특정한 사회집단이나 그 구성원 전체의 관심과 이익에 관한 것도 포함합니다. 그렇다면 공공의 이익을 판단하는 기준은 무엇일까요? 그 판단 기준은 다음과 같습니다.

- 명예훼손의 피해자가 공무원 등 공인인가?
- 그 표현이 객관적으로 공공성·사회성을 갖춘 공적 관심 사안에

---

5 대법원 2012. 10. 25. 선고 2012도5756 판결
6 형법 제310조

관한 것으로서 사회의 여론 형성이나 공개 토론에 기여하는가?

• 피해자가 명예훼손적 표현의 위험을 자초하였는가?

위의 질문에 '예'라는 대답이 많을수록 공익성이 인정되고 명예훼손이 되지 않을 가능성이 높습니다. 몇 가지 사례를 살펴보겠습니다.

A는 회사의 마케팅본부 사원으로 근무하고 있었고 B는 그회사의 인사팀 팀장이었습니다. 회식 자리에서 B는 A의 손을 억지로 잡았고 A에게 성희롱적인 문자메시지도 보냈습니다. 견디지 못한 A는 퇴사를 마음먹고 회사 소속 전국 208개 매장 대표와 본사 직원 80여 명에게 메일을 보냈습니다. 그 메일에는 자신이 B에게 강제추행 및 성희롱을 당했다는 사실이 적혀 있었고, B가 보낸 문자메시지 캡처 사진도 첨부되어 있었습니다. 이 사안에서 법원은 이메일을 보낸 A의 행동이 B의 명예를 훼손한 것은 아니라고 보았는데, 직장 내 성희롱 피해 사례는 회사 조직과 그 구성원들의 공적인 관심 사안이라고 판단했기 때문입니다.[7]

그렇다면 법원이 명예훼손이라고 판단한 사례는 어떤 게 있을까요? ㄱ출판사는 C 작가의 에세이를 책으로 출간했습니다.

---

[7] 대법원 2022. 1. 13. 선고 2017도19516 판결

그러자 D는 페이스북에 글을 남겨 ㄱ출판사를 비난했습니다. 비난의 요지는 ㄱ출판사가 책을 광고하기 위해 베스트셀러 순위를 조작하고, 온라인 서점에 아르바이트생들을 동원하여 댓글을 달아 도서 판매량을 조작했다는 것이었습니다. 하지만 ㄱ출판사는 순위를 조작한 적이 없었고, 법원은 D에게 유죄를 선고했습니다.[8]

여기서 유의할 점은 다른 사람의 글을 옮기는 것도 명예훼손이 될 수 있다는 사실입니다. 제3자의 글을 게시한 행위가 단순히 그 글을 인용하거나 소개하는 것에 불과한 경우에는 명예훼손이 아니지만 글의 출처를 밝히지도 않고 새로운 게시물의 형태로 작성하는 등 자신이 직접 쓴 것과 유사한 상황이면 명예훼손이 성립됩니다.[9]

명예훼손에 어떻게 대응해야 할까

누군가 우리 회사나 나를 공개적으로 비난했다면 가장 먼저 사실관계를 파악해야 합니다. 상대방이 쓴 글이나 한 말을 꼼꼼하게 분석하여 단순한 의견 표명인지 사실의 적시인지를 구분해

---

[8] 대법원 2018. 12. 28 선고 2018도14171 판결
[9] 헌법재판소 2013. 12. 26. 선고 2009헌마747 전원재판부 결정

야 합니다. 그리고 사실의 적시 중에 진실한 사실이 무엇인지, 허위가 무엇인지를 가려야 합니다. 이때 허위 사실이라는 걸 입증할 자료도 함께 확보하는 게 중요합니다. 또한 온라인에서 명예훼손이 일어난 경우에는 상대방이 게시글을 삭제할 수도 있으니 미리 해당 글을 캡처하거나 동영상을 저장해서 증거를 확보해두는 것도 필요합니다.

상대방의 행위가 명예훼손이라는 판단이 들면 적절한 구제수단을 사용해야 합니다. 요즘은 온라인으로 명예를 훼손하는 일이 많은데, 그럴 경우 온라인 게시판 운영자에게 해당 게시물을 삭제해달라고 요청할 수 있습니다.[10] 통상적으로 삭제를 요청하면 게시판 운영자는 해당 글의 접근을 차단하는 임시조치를 하는데, 임시조치의 기간은 30일입니다. 이 기간 동안 이의신청을 할 수 있으며 이의 신청 여부에 따라 해당 게시물은 복원될 수도, 자동 삭제될 수도 있습니다.

명예훼손에 대한 법적인 구제수단으로는 형사적인 방법과 민사적인 방법이 있습니다. 명예훼손은 법률이 금지하고 있는 범죄이므로, 명예훼손을 저지른 사람을 고소하여 처벌을 요청할 수 있습니다. 인터넷에 글이 게시되어 가해자가 누구인지 정확하게 알지 못해도 고소를 하는 데에는 문제가 없습니다. 게시 일

---

10 정보통신망 이용촉진 및 정보보호 등에 관한 법률 제44조의2

자, 게시글의 제목, 아이디 등만 있으면 수사기관이 온라인 게시판을 운영하는 업체를 통해 게시자의 정보를 확인할 수 있기 때문입니다.

명예훼손에 대해서 민사적인 수단으로 소송을 제기하는 것도 가능합니다. 타인의 명예를 훼손하는 건 민법이 금지하고 있는 불법행위라서 명예훼손으로 인한 손해배상(損害賠償)을 청구할 수 있습니다.

김변의 정리

신주문 씨는 회사에 대한 근거 없는 비방으로 회사 매출에 심각한 타격을 받는 등 큰 피해를 입었습니다. 이렇듯 자연인(개인)뿐 아니라 회사를 욕하는 것도 명예훼손이 성립됩니다. 설령 그 내용이 사실이라도 타인의 사회적 평가를 깎아내리면 명예훼손입니다. 그러나 공익적 목적이 강한 경우에는 명예훼손에 해당하지 않습니다.

신주문 씨처럼 회사가 부당한 비난을 받았다면 일단 사실관계와 증거를 확보하는 게 중요합니다. 그 뒤에는 온라인 게시글에 대한 삭제를 요청하고, 형사적인 수단(고소) 또는 민사적인 수단(손해배상소송)을 사용하면 됩니다.

case 2

고심 끝에 내린
경영자의 판단,
횡령죄가 된다고?

사례

이무모 씨는 석재회사를 운영하고 있습니다. 대리석이나 화강석과
같은 석재를 가공해서 공사 현장에 납품하는 게 주된 일이죠. 그동
안은 주로 외국에서 석재를 수입해서 제품을 생산했습니다. 그러다
보니 수입 단가에 따라 이윤이 크게 차이가 났고, 수급이 불안정할
때도 있었습니다. 그러자 이무모 씨는 이런 생각이 들었습니다.

'채석장 개발에 직접 투자하는 건 어떨까?'

마침 적당한 부지도 있었습니다.

하지만 이무모 씨 회사의 임원인 나반대 씨는 생각이 달랐습니다.

투자 금액 대비 효과가 분명하지 않아 투자가 부적절하다는 의견이었습니다. 나반대 씨와 달리 다른 경영진과 이사들은 이무모 씨의 의견에 동조했고, 결국 투자가 이뤄졌습니다. 이 일로 다른 경영진과 갈등을 겪던 나반대 씨는 임원직에서 사임하고 말았죠.

그런데 기대와 달리 채석장 개발은 순탄하게 진행되지 않았습니다. 자연환경을 보존해야 한다는 시민단체의 목소리에 따라 개발이 지지부진해지더니, 결국에는 개발 계획 자체가 무산되었고 이무모 씨 회사의 투자금 중 상당 부분은 회수하지 못했습니다.

이 소식을 알게 된 나반대 씨는 경찰서에 고발장을 접수했습니다. 이무모 씨가 무리한 결정으로 회사에 손해를 끼쳤다는 게 나반대 씨의 주장이었습니다.

회사 돈에 손을 대면 생기는 일

삼성그룹 이재용 부회장, SK그룹 최태원 회장, 롯데그룹 신동빈 회장, 현대자동차그룹 정몽구 회장, 한화그룹 김승연 회장. 이들의 공통점은 뭘까요? 재벌 그룹의 최고경영자라는 사실 이외에 또 다른 공통점이 있습니다. 이들은 횡령이나 배임 혐의로 재판을 받았거나 현재 받고 있는 사람들입니다.

이처럼 횡령과 배임은 기업을 경영하는 사람이 가장 흔하게 저지르는 범죄 유형입니다. 작은 사업체를 운영하고 있어도 횡령과 배임에 대해서는 각별한 주의가 필요합니다.

횡령(橫領)은 다른 사람의 재물을 보관하고 있는 사람이 그 재물을 돌려주지 않는 겁니다. 예를 들어 친구에게 손목시계를 잠시 맡겨두었는데 그 친구가 손목시계를 팔아버린다면 횡령이 됩니다. 배임(背任)은 다른 사람의 일을 맡아서 처리하는 사람이 그 임무에 위배되는 행위를 하는 겁니다. 예컨대 은행의 대출 담당 직원은 대출 신청자의 상환 능력을 면밀하게 파악한 뒤에 돈을 빌려줘야 하는데 신용에 대해서는 전혀 조사하지 않고 무턱대고 돈을 빌려준다면 배임입니다.

횡령과 배임은 모두 신임관계(信任關係, 다른 사람을 믿고 일을 맡긴 관계)를 위배했다는 공통점이 있지만 양자가 완전히 똑같은 건 아닙니다. 배임은 임무에 위배하여 재산상 이득을 취하는 것이고, 횡령은 재물을 취득하는 것이라는 차이가 있습니다. '재물'보다는 '재산상 이득'이 더 큰 개념이니, 배임이 횡령보다 더 넓은 개념이고, 횡령죄는 배임죄에 대해 특별관계입니다.[1]

법리적으로 보면 횡령죄와 배임죄는 구분되는 개념이지만 비슷한 면도 많습니다. 일단 두 죄는 모두 5년 이하의 징역 또는 1,500만 원 이하의 벌금(업무상 횡령 또는 업무상 배임인 경우에는 10년 이하의 징역 또는 3,000만 원 이하의 벌금)으로 처벌 수위가 똑

---

[1] 이재상, 『형법각론』, 박영사, 제9판, 437쪽

같습니다. 그리고 검찰이 배임죄로 기소했더라도 법원이 횡령죄로 처벌할 수 있는 등 둘 사이에는 뚜렷한 경계가 없기도 합니다. 그러니 기업을 경영하는 사람의 입장에서는 둘을 구분할 실익이 크지는 않습니다. 따라서 양자를 엄격하게 구별하는 대신 횡령죄를 중심으로 설명해보려 합니다.

횡령에서는 범죄의 여부 못지않게 액수에도 신경을 씁니다. 횡령으로 얻는 경제적 이익(이득액)이 5억 원 미만이면 「형법」이 적용되지만, 5억 원 이상인 경우에는 「특정경제범죄 가중처벌 등에 관한 법률」(약칭: 특정경제범죄법)이 적용되어 가중처벌되기 때문입니다. 「특정경제범죄법」에 따를 때, 이득액이 5억 원 이상 50억 원 미만일 때는 3년 이상의 유기징역에 처하고, 이득액이 50억 원 이상일 때는 무기 또는 5년 이상의 징역에 처합니다.[2]

회장이나 사장처럼 회사의 최고경영자는 회사와 본인을 동일시하는 경향이 있습니다. 그래서 '내 회사 돈을 내가 쓰는 게 뭐가 문제야?'라고 생각하기 쉽습니다. 하지만 그렇게 생각해서는 안 됩니다. 3장 '사장은 회사 빚도 책임져야 할까?'에서 상세하게 알아보겠지만, 회사는 법적으로는 독립된 존재입니다. 그러니 독립적인 법인격을 가진 회사의 재산을 함부로 이용하면 범죄가 됩니다.

---

2   특정경제범죄법 제3조 제1항

회사와 최고경영자가 구분된다는 사실에 대해서 법원은 매우 엄격한 기준을 가지고 있습니다. 주식회사의 주식을 한 사람이 가지고 있는 경우를 1인회사(1人會社)라고 하는데, 1인회사의 주주가 회사 재산을 임의로 처분하는 것도 횡령죄가 된다는 판례도 있습니다.[3]

경영판단의 원칙에 따랐습니까?

횡령죄를 저지르는 방법은 다양합니다. 회사의 돈을 빼내서 비자금을 조성하거나 개인적인 목적으로 쓰는 행위는 횡령이 분명합니다. 그런데 횡령죄로 처벌하는 범위는 생각보다 넓습니다.

회사의 대표이사가 회사와 관련된 일로 재판을 받을 때, 대표이사의 변호사 비용을 회사가 부담하는 경우가 많습니다. 그런데 판례에 따르면 이렇게 회사가 변호사 비용을 대신 내는 행위도 횡령입니다.[4] 아무리 회사의 대표이사라도 재판을 받는 건 대표이사 개인이니 변호사 비용도 대표이사의 사비로 직접 부담하라는 뜻입니다.

횡령에서 가장 논란이 심한 부분은 '경영자가 심사숙고하여

---

3 대법원 1989. 5. 23. 선고 89도570 판결
4 대법원 1990. 2. 23. 선고 89도2466 판결

내린 결정에 대해 횡령죄로 처벌할 수 있는가?'입니다. 최고경영자의 주된 역할은 중요한 의사결정을 하는 것이죠. 투자를 얼마나 할지, 적자 사업을 철수할지, 어떤 사업에 주력할지, 인력운영을 어떻게 할지 등 고민하고 결정 내릴 게 한둘이 아닙니다. 결정 내린 일들이 성공하면 문제가 없겠지만 항상 그렇지 않다는 게 문제입니다. 고심 끝에 대규모 투자를 했으나, 예상과 달리 투자에 실패하는 일도 많습니다.

법을 기계적으로 적용하면 이런 것도 횡령이라고 볼 수 있습니다. 어쨌든 회사에 손해를 끼쳤기 때문입니다. 하지만 만약 이런 경우를 모두 횡령죄로 처벌하면 회사를 경영하는 사람은 아주 큰 부담을 느낄 겁니다. 까딱 잘못했다가는 교도소에 갈 수도 있으니까요.

최고경영자가 부당하게 처벌되는 사례가 없도록 하기 위해 판례는 경영판단의 원칙(經營判斷의 原則, Business Judgment Rule)을 인정하고 있습니다. 경영판단의 원칙은 경영자가 회사의 이익을 위해 최선을 다해 고민하고 신중하게 판단했다면 예측이 빗나가 회사에 손해가 발생한다 해도 횡령죄로 처벌할 수 없다는 원칙입니다. 경영판단의 원칙이 적용되면 회사에 손해가 생기더라도 무죄가 선고됩니다.

한국광물자원공사(이하 광물공사)의 사장이던 K씨의 경우가 여기에 해당합니다. K씨는 아프리카의 마다가스카르 광산 사업에서 철수하려던 A기업의 지분을 고가에 매입해 광물공사에 212억 원의 손실을 초래한 혐의로 기소됐습니다. 당시 A기업은 재무구조가 악화해 약속한 투자금을 제때 내지 못했는데, 계약대로라면 광물공사는 A기업이 이미 투자한 금액의 20%인 73억 원만 주고 지분을 가져올 수 있었지만, 투자금 285억 원을 모두 지급했다는 게 검찰의 주장이었습니다. 하지만 법원은 A기업이 채무를 이행하지 않아 광물공사에 손해가 발생하는 상황을 방지하기 위해서는 A기업의 지분을 매수할 필요가 있었다는 이유로 지분 매수가 법을 어기지 않았다고 판단했습니다.[5]

경영판단의 원칙을 인정하는 이유는 회사 경영에는 항상 위험이 도사리고 있기 때문입니다. 또한 정책적인 차원에서 보더라도 횡령죄 처벌을 많이 하면 기업가정신이 위축되어 사회적으로도 큰 손실을 우려할 만합니다.

경영판단의 원칙은 횡령죄로 처벌받는 걸 막아줄 수 있는 훌륭한 방어수단이고, 그래서 횡령 혐의로 재판받는 최고경영자들은 대부분 경영판단의 원칙을 주장합니다. 그렇다고 경영판단의 원칙이 만능열쇠는 아닙니다.

경영판단의 원칙이 적용되는 사안인지에 대한 판단을 할 때, 법원은 경영상의 판단을 하게 된 경위와 동기, 경영상 판단을 한

---

5 〈'자원개발 비리' 김신종 前 광물공사 사장 무죄 확정〉, 《법률신문》, 2018. 11. 15.

사업의 내용, 기업이 처한 경제적 상황, 손실 발생의 가능성과 이익 획득의 가능성 등 여러 사정을 두루 살핍니다. 그렇다면 경영판단의 원칙이 적용되려면 무엇을 해야 할까요?

우선 합리적인 정보에 의한 판단을 해야 합니다. 현재 업계의 현황과 회사의 재무적 상황을 충분히 고려하여 회사에 무엇이 최선인지를 깊이 고민해야 합니다. 그리고 결정을 하기 위해 참고했던 자료들을 잘 챙겨두어야 합니다.

과정도 적절해야 합니다. 회사에 큰 영향을 미치는 중요한 결정이라면 대표이사가 독단적으로 결정하기보다는 이사회의 승인을 받거나 투자심의기구의 심의를 거치는 게 중요합니다. 또한 경영상의 판단이 경영자 본인과는 이해관계가 없어야 합니다. 경영상 결정을 내려서 경영자 본인에게 이익이 된다면 경영판단의 원칙이 적용될 가능성은 매우 낮습니다.

당연한 이야기지만, 경영판단의 원칙이 적용되려면 법에 어긋나는 행동을 하지 않아야 합니다.[6] 예를 들어 공무원에게 뇌물을 주면서 '사업상 필요해서 어쩔 수 없었다'라고 주장하는 건 말이 안 됩니다. 뇌물 자체가 불법이기 때문이죠.

횡령과 경영판단의 원칙은 법리적으로 매우 까다로운 부분입니다. 또한 경영상 판단이 적절했는지 판가름하려면 사업 및 경

---

6 대법원 2007. 12. 13. 선고 2007다60080 판결

1장 | 사장이 몰랐다간 회사가 휘청이는 형사 사건

영에 대한 이해도 필요하여, 혼자 힘으로 방어하기에는 어려움이 따릅니다. 따라서 횡령으로 수사를 받거나 기소를 당한 상황이 닥치면 기업 범죄 관련 업무를 많이 다뤄본 변호사를 찾아가서 상담을 받아보는 게 좋습니다.

김변의 정리

횡령과 배임은 경영자들이 가장 조심해야 할 범죄 유형입니다. 횡령죄로 처벌받지 않으려면 회사와 대표이사가 독립된 별개의 법인격을 가진 존재라는 걸 명심해야 합니다.

횡령죄로 기소되었을 때 경영자가 주장할 수 있는 논리는 '경영판단의 원칙'입니다. 경영판단의 원칙을 적용받으려면 합리적인 정보에 기반한 판단을 해야 하고 절차도 적정해야 합니다. 또한 개인적으로 이익이 되는 일, 법에 어긋나는 일을 해서는 안 됩니다.

case 3
회사 재산을 은닉할 때 벌어지는 일

강원도에서 민박 사업을 운영 중인 윤한숨 씨는 요즘 걱정이 많습니다. 숙소가 낡은 편이라 적지 않은 돈을 들여서 리모델링을 하고 가전제품도 새롭게 구매했는데, 손님이 확 줄었기 때문입니다. 더욱 큰 문제는 리모델링에 들어간 돈은 윤한숨 씨가 가지고 있던 돈이 아니라 은행에서 빌린 돈이라는 점이죠. 은행의 대출 담당자가 전화를 할 때면 윤한숨 씨는 가슴이 철렁 내려앉습니다.

"대출 상환이 계속 늦어지고 있네요. 계속 이렇게 대출금을 안 갚으시면 저희도 더 이상 사장님의 사정을 봐주기가 곤란합니다. 법적인 조치를 취할 수밖에 없어요."

윤한숨 씨는 답답한 마음에 친구 강도움 씨를 만나 고민을 토로했습니다. 그러자 강도움 씨는 좋은 해결 방법이 있다며 이렇게 말했습니다.

"빚을 갚는 것도 중요하지만 일단 재산을 지키는 게 중요해. 은행이 재산에 손을 대서 강제집행을 하기 전에 먼저 재산을 다른 사람의 명의로 돌리는 게 좋겠어. 그러면 은행도 어쩌지 못할 거야."

윤한숨 씨는 강도움 씨의 말을 듣고 그럴 듯하다는 생각이 들어서 자신이 가지고 있던 재산인 부동산 명의를 강도움 씨에게 넘겨주려고 마음먹었습니다.

내 재산을 지키고 싶은 당연한 마음

오로지 자기 돈만으로 사업을 하는 사람은 많지 않습니다. 사업을 확장하거나 자재를 구입하는 등 사업상 돈이 필요할 때 다른 사람의 돈을 빌리는 경우가 많죠. 물론 돈을 빌려서 제대로 갚을 수만 있다면 큰 문제는 아닙니다. 회계적으로 볼 때 부채도 자산이고, 실제로도 돈을 빌릴 수 있다는 건 그만큼 능력이 있다는 걸 의미하기 때문입니다. 그런데 문제는 사업이 예상대로 진행되지 않을 때 발생합니다. 들어오는 수입은 예상보다 훨씬 밑도는데 갚아야 할 돈은 그대로 있고, 돈을 빌려준 채권자가 돈을 갚으라고 닦달하는 상황이라면 어떻게 해야 할까요? 생각만 해도 머리가 아플 지경입니다.

채무자는 채권자가 채무자의 사정을 봐줬으면 싶겠지만 채권자도 나름의 입장이 있어서 손 놓고 가만히 있을 수는 없습니다. 채권자가 개인적으로 잘 아는 지인이라면 읍소라도 해볼 텐데, 은행 같은 금융기관은 그런 읍소도 잘 통하지 않습니다. 빌려준 돈을 제때 안 받고 가만히 놔두면 금융기관이 곤란한 상황에 처할 수 있기 때문이죠.

3장 '채무자가 돈을 주지 않고 버틴다면?'에서 자세히 설명하겠지만, 채무자가 자발적으로 돈을 갚지 않으면 채권자는 강제집행(强制執行)이라는 절차를 통해 돈을 받아낼 수 있습니다. 강제집행은 채권자에게는 효율적이고 유용한 수단이지만, 채무자에게는 두려움의 대상입니다. 내 재산을 뺏길 수 있으니까요. 돈을 빌렸으니 갚아야 하는 건 맞다는 생각이 들면서도, 다른 한편으로는 이런 생각이 들기도 합니다.

'지금은 사업이 어렵지만 조금만 있으면 나아질 거야. 다시 사업을 일으키려면 종잣돈은 있어야지. 그런데 지금 은행이 내 재산을 다 가져가버리면 나중을 기약할 수 없어. 일단 내 재산을 지켜야겠어.'

막다른 길목에 들어서서 이런저런 고민을 하다 보면 내 재산을 지켜야겠다는 생각을 하게 됩니다. 어쩌면 당연한 인간의 마음이죠. 그런 생각이 들면 먼저 명의를 맡아줄 사람을 섭외합니다. 임시로 재산을 맡겼다가 나중에 다시 찾아야 하니, 주로 가족이나 가까운 친척 혹은 친한 친구처럼 믿을 만한 사람에게 부탁하는 경우가 대부분입니다. 무작정 재산을 넘길 수는 없으니 재산을 넘겨줄 만한 근거도 마련해놓습니다. 대표적인 방법은 가상의 채무를 만드는 겁니다. 원래는 돈을 빌리지 않았지만 돈을 빌린 것처럼 차용증을 거짓으로 작성한 뒤, 그 돈을 갚는다는 명목으로 재산의 일부를 넘기는 것이죠. 부동산 명의를 넘길 수도 있고 현금을 줄 수도 있습니다.

그러고 나면 이제 내 명의로 된 재산은 없습니다. 그러니 채권자는 강제집행을 할 수 없죠. 은행이 돈을 갚으라고 해도 막무가내로 버티면 됩니다. 소위 '배 째라' 전략입니다. 그러다 나중에 상황이 정리되면 다시 재산을 찾아오면 되니까요.

어떤가요? 그럴듯한 계획으로 들리나요? '이거 뭔가 이상한데'라고 생각하신 분들이 많을 겁니다. 맞습니다. 이런 방법을 사용했다가는 큰코다칠 수 있습니다.

강제집행을 막는 건 엄연한 범죄

「형법」에는 강제집행면탈죄(强制執行免脫罪)라는 게 있습니다. 강제집행면탈죄를 저지르면 3년 이하의 징역 또는 1,000만 원 이하의 벌금에 처해지니 만만하게 볼 일이 아니죠. 강제집행면탈죄는 강제집행을 피하려고 재산을 함부로 빼돌리는 행위를 했을 때 성립하는 범죄로 채권자를 보호하기 위한 겁니다. 여기에서 말하는 재산은 경제적 가치가 있는 모든 걸 말합니다. 부동산(토지, 건물), 동산(현금, 예금)은 물론이고, 다른 사람에게 돈을 받을 수 있는 권리(채권)도 재산에 해당합니다.

재산을 빼돌리는 방법으로는 크게 네 가지가 있습니다. 재산을 숨기는 행위(은닉), 재산의 가치를 훼손시키는 행위(손괴), 다른 사람에게 명의를 넘기는 행위(허위양도), 채무가 없음에도 채무가 있는 것처럼 꾸미는 행위(허위의 채무부담)가 그것입니다. 모두 재산을 빼돌리는 방법이니, 이런 행동을 해서는 안 됩니다.

강제집행면탈죄에서 유의할 점은 위험범(危險犯)입니다. 위험범은 침해범(侵害犯)과 대비되는 개념인데, 침해범은 현실적인 결과가 발생해야 처벌하지만 위험범은 실제 결과는 발생하지 않더라도 위험성이 높아지기만 해도 처벌합니다. 쉽게 말해, 채무자가 재산을 빼돌린 뒤에 채권자가 돈을 받아서 실제로 손해가 발생하지 않더라도 채권자가 돈을 못 받을 가능성이 높아졌다는 이유만으로도 범죄가 된다는 뜻입니다.

우습게 보면 안 되는 강제집행면탈 혐의

강제집행면탈죄가 보통의 사람들에게는 낯선 죄일 수 있지만, 강제집행면탈죄로 처벌받는 사람도 적지 않습니다. A그룹의 이 모 부회장도 그중 한 명이죠.

　A그룹은 위기 상황을 속이고 기업 어음이나 회사채를 발행해서 일반 투자자에게까지 막대한 피해를 입혔습니다. 결국 A그룹은 기업회생절차를 신청했는데, A그룹을 이끌던 이 모 부회장은 국회 국정감사에 출석해 피해자들에게 사죄하고 피해 회복을 위해 노력하겠다고 약속했습니다. 그런데 그 뒤에 이 모 부회장은 자신의 말과 정반대의 행동을 취했습니다. 국정감사 다음 날부터 자신이 소장하던 수십억 원대의 미술품을 해외로 반출해서 팔아버린 것이죠. 결국 이 모 부회장은 강제집행면탈 행위로 징역 2년을 선고받았습니다.[1]

　호소력 짙은 목소리와 빼어난 가창력으로 유명한 B씨도 강제집행면탈죄로 곤욕을 치른 적이 있습니다. B씨는 여러 법적 분쟁에 휘말렸는데, 그 시작은 소속사와의 전속계약 분쟁이었습니다. C엔터테인먼트는 4년간 4장의 앨범을 내는 조건으로 B씨와 10억 원의 전속계약을 체결했습니다. 그런데 B씨가 계약 기간 중에 C엔터테인먼트와 연락을 끊고, 이미 하기로 결정된

1　서울고등법원 2016노156. 현재 이 사건은 대법원에 계류되어 있어 판결이 확정되지 않았음

전국투어 콘서트에도 불참하겠다고 선언하자 C엔터테인먼트는 B씨를 상대로 소송을 걸었습니다. B씨는 전속 계약상의 모든 권리가 다른 소속사로 넘어가서 C엔터테인먼트와는 전속계약 관계가 없다고 주장했죠. 하지만 법원은 C엔터테인먼트의 손을 들어주며 "B씨가 C엔터테인먼트에 15억 원을 배상해야 한다"라는 판결을 선고했습니다.

판결이 선고되었지만 B씨는 C엔터테인먼트에 돈을 갚지 않았습니다. 그사이 B씨는 새로운 소속사 D엔터테인먼트와 새롭게 계약을 맺고 계약금을 받았는데, 문제는 돈을 받는 방식이었습니다. 자신의 계좌로 입금받은 게 아니라 D엔터테인먼트사의 계좌로 받은 것이죠. 그러자 C엔터테인먼트는 B씨가 강제집행을 피하려고 재산을 은닉했다며 고소했고, 법원은 B씨에게 강제집행면탈죄를 적용하여 벌금 200만 원의 유죄 판결을 선고했습니다.

실익이 전혀 없는 재산 빼돌리기

재산을 빼돌리는 행위는 형법상 범죄라서 강제집행면탈 행위를 하면 형사재판을 받습니다. 하지만 거기서 끝이 아닙니다. 재산을 빼돌리면 민사소송도 당할 수 있고, 채권자는 민사소송을 통해서 채무자가 빼돌린 재산을 다시 찾아갈 수도 있습니다.

형법과 민법은 법의 목적이 달라 같은 현상도 다르게 표현할 때가 있습니다. 형법의 강제집행면탈 행위와 유사한 개념으로는 「민법」의 사해행위(詐害行爲)가 있습니다. 사해행위는 채권자를 속여서 해롭게 만드는 행위라는 뜻인데, 채무자가 가진 재산을 부당하게 감소시키는 행동을 말합니다. 사해행위와 강제집행면탈 행위가 완전히 똑같은 개념은 아니지만, 채무자가 채권자에게 돈을 갚지 않고 그 재산을 빼돌리는 행위라는 점에서는 매우 유사한 측면이 있습니다. 예를 들어 재산이라고는 아파트 한 채 밖에 없는 채무자 갑이 채권자 을에게 많은 빚을 진 상태에서 그 집을 다른 사람인 병에게 팔아버리면 사해행위가 되는 겁니다.

그렇다면 이런 상황을 가정해볼까요? 만약 채무자가 재산을 모두 처분해버리면 어떻게 될까요? 재산이 없으니 모든 상황이 종결될까요? 그렇지는 않습니다. 채권자에게 채권자취소권(債權者取消權)이라는 권리가 있기 때문입니다. 채권자취소권은 채무자가 한 사해행위를 채권자가 취소할 수 있는 권리입니다. 예컨대 채무자 갑이 아파트를 다른 사람인 병에게 매도하는 매매계약을 체결했더라도, 갑의 채권자인 을이 그 아파트 매매계약을 취소해버릴 수 있는 것이죠. 아파트 매매계약의 당사자는 갑과 병인데 제3자인 을이 계약을 취소해버릴 수 있으니 채권자취소권은 꽤 강력한 권리인 셈입니다.

결국 채무자가 재산을 빼돌려도 채권자가 다시 그 재산을 찾아갈 수 있는 법이 있으니 위험을 무릅쓰고 구태여 재산을 빼돌리는 건 별다른 실익이 없습니다.

김변의 정리

윤한숨 씨처럼 어려운 상황에 처하면 우선 자신의 재산을 지켜야 한다는 생각에 사로잡히게 됩니다. 그러면 재산을 다른 곳으로 빼돌리고 싶은 유혹에 빠지죠. 인간이라면 누구나 할 수 있는 생각입니다.

하지만 강제집행을 피하려고 재산을 숨기거나 명의를 옮기는 행동은 강제집행면탈 행위로 형사처벌을 받을 수 있음을 명심해야 합니다. 또한 빼돌린 재산은 채권자가 채권자취소권을 활용해서 다시 찾아갈 수도 있으니 빚을 진 상태에서는 가급적 재산에 손을 대지 않는 게 더 큰 문제를 야기하지 않는 방법입니다.

case 4

일하다 사람이 다쳤을 때,
어디까지 사장 책임일까?

사례

가구 제조 공장을 운영하고 있는 이걱정 씨는, 어느 날 공장장으로
부터 전화를 받았습니다.

"사장님, 큰일 났습니다."

공장장의 목소리는 매우 다급했습니다.

"왜요? 무슨 일이 생겼어요?"

알고 보니 공장 근로자 김슬픔 씨가 기계에 끼이는 사고를 당한 것
이었습니다. 담당자는 긴급하게 119에 전화를 걸어 곧바로 김슬픔
씨를 병원으로 이송했습니다. 출장 중이던 이걱정 씨도 신속하게

병원으로 갔습니다.

김슬픔 씨의 상태는 생각보다 심각했습니다. 모든 사람이 김슬픔 씨가 건강을 회복하기를 바랐지만 김슬픔 씨는 안타깝게도 목숨을 잃고 말았습니다.

사고가 일어나고 얼마 지나지 않은 무렵, 경찰서에서 이걱정 씨에게 연락을 해왔습니다. 김슬픔 씨 사망 사고와 관련해서 조사를 해야 하니 경찰서에 출석하라는 통보였습니다.

경찰서에 출석한 이걱정 씨에게 경찰 수사관은 사고의 경위를 자세하게 물었고, 특히 사고를 예방하기 위해 얼마나 노력했는지 집중적으로 물었습니다. 이걱정 씨는 이 사고로 처벌을 받으면 어쩌나 두려운 마음이 들었습니다.

중대재해는 누구의 책임일까

직장에서 일을 하다 목숨을 잃거나 크게 다치는 사고가 끊임없이 발생하고 있습니다. 현대중공업에서 발생한 아르곤 가스 질식 사망 사고, 태안화력발전소 압사 사고, 물류창고 건설현장 화재 사고 등이 대표적인 사례입니다. 산업재해로 인한 사망 사고와 함께 가습기 살균제 사건 및 4·16 세월호 사건 같은 재해로 안타까운 생명이 희생되는 사건도 여러 차례 있었습니다. 이런 사고가 끊임없이 발생하자 안전에 대한 사회적 관심이 매우 높아졌고, 중대재해를 예방하기 위한 법률이 제정되었습니다. 바로 「중대재해 처벌 등에 관한 법률」(약칭: 중대재해처벌법)입니다.

중대재해처벌법(重大災害處罰法)은 새로운 법 제정에 따른 혼란을 최소화하기 위해 회사의 규모에 따라 시행 시기를 다르게 정했습니다. 50인 이상의 사업장은 2022년 1월 27일부터 법 적용을 받고, 50인 미만의 사업장은 2024년 1월 27일부터 법이 적용됩니다.

중대재해처벌법 제정 이전에도 재해가 발생했을 때 재해를 발생시킨 사람을 처벌할 수 있는 근거 법률(형법, 산업안전보건법 등)이 있었습니다. 그런데 중대재해처벌법은 기존 법에 비해 책임의 범위는 넓어지고 처벌 수위는 높아졌습니다. 기업을 운영하는 사람은 중대재해처벌법의 내용을 숙지하고 잘 준수해야 할 필요성이 더욱 높아진 것이죠.

중대재해처벌법에서 말하는 중대재해에는 크게 두 가지가 있습니다. 하나는 중대산업재해(重大産業災害)이고, 다른 하나는 중대시민재해(重大市民災害)입니다. 중대산업재해는 업무와 관련하여 사망, 부상, 질병이 발생하는 것인데, 공장에서 안전사고가 발생하여 근로자가 크게 다치는 게 대표적인 사례입니다. 그리고 중대시민재해는 제조물이나 공중이용시설의 결함으로 일반 시민에게 피해가 일어나는 것인데, 예를 들어 백화점에서 에스컬레이터 오작동으로 방문 고객들이 심각하게 다치는 경우입니다. 중대시민재해보다는 중대산업재해가 발생할 가능성이 더 크기 때문에 이하에서는 중대산업재해를 중심으로 살펴보려고 합니다.

중대산업재해에 대한 제재는 상당히 강한 편입니다. 중대산업재해로 인해 사망 사고가 발생하면 사업주나 경영책임자는 1년 이상의 징역 또는 10억 원 이상의 벌금에 처해질 수 있습니다. 개인만 처벌되는 게 아니라 회사도 처벌되는데, 사망 사고 발생 시 50억 원 이하의 벌금이 회사에 부과됩니다.

형사처벌과 함께 민사상의 손해배상책임도 져야 합니다. 이른바 실제 손해보다 더 큰 액수를 배상하는 '징벌적 손해배상조항'이 적용되어 사업자와 회사는 중대재해로 인해 손해를 입은 사람에게 실제 발생한 손해액의 최대 5배까지 배상해야 합니다.

무엇보다 안전제일

중대재해처벌법은 법률명에서부터 처벌이 강조되고 있으나, 본래 목적은 처벌 그 자체가 아니라 중대재해의 예방이고, 처벌은 재해를 예방하기 위한 수단에 불과합니다. 동일한 사고가 발생했더라도 그 사고에 대한 책임이 똑같은 건 아닙니다. 사고를 막기 위한 아무런 관심도 기울이지 않은 경우에는 무거운 책임을 질 수밖에 없지만, 사고를 막으려고 최선을 다했음에도 사고가 발생한 때에는 가벼운 책임을 지거나 아예 책임을 지지 않을 수도 있습니다. 하지만 어떤 경우라도 중대재해가 발생하면 회사로서도 큰 타격을 입게 되므로 중대재해를 예방하기 위한 노력을 기울여야 합니다.

우선 재해 예방에 필요한 인력과 예산을 충분히 확보해야 합니다. 다른 업무와 마찬가지로 재해 예방도 인력과 예산이 있어야 가능합니다. 안전보건에 관한 전담 조직을 설치하고 업무를 할 수 있는 예산도 충분히 투입해야 합니다. 노후화된 안전보호 장치를 최신 장비로 교체하는 것이 방법이겠죠.

그리고 재해를 예방하기 위한 구체적이고 실질적인 행동을 해야 합니다. 안전보건에 관한 교육을 실시하는 일, 안전일지를 작성하게 하는 일, 안전작업규칙을 제정하여 그 규칙대로 업무가 처리되게 하는 일 등이 그러한 행동입니다. 보여주기식의 행동이 중요한 게 아니라 실효성 있는 행동이 필요하다는 걸 명심해야 합니다.

중대재해가 발생했을 때의 대책도 미리 수립해두어야 합니다. 예방이 최선이지만 사고가 발생했을 때 적절하게 대응하여 피해를 최소화하는 일도 중요하기 때문입니다. 재해 발생 시 구호조치를 하는 방안, 피해 확산을 막기 위한 조치, 고용노동부 등 관계기관에 신속하게 보고하는 체계를 갖춰두어야 합니다. 또한 사고의 원인 규명을 철저하게 하여 사고 발생의 책임자를 징계함으로써 향후 사고가 발생하지 않도록 주의를 주는 것도 필요합니다.

중대재해처벌법은 새롭게 제정된 법이라 중대재해를 예방하기 위해서 어떤 노력을 해야 하는지가 다소 불분명한 면이 있습니다. 구체적인 행동 지침은 회사마다 다를 수밖에 없는데, 고용노동부가 발간한 《산업재해 예방을 위한 안전보건관리체계 가이드북》을 참고하는 것도 도움이 됩니다.

산업재해를 예방하려면 구체적인 방안 못지않게 최고경영자의 의지도 중요합니다. 최고경영자가 안전을 확보하는 것이 매우 중요하다는 걸 강조하면 회사 전체가 안전을 중시하게 됩니다.

처벌이 걱정스러운 사장님들에게

그동안은 산업재해가 발생해도 실무자나 공장장 등 하위 임원이 책임을 지는 선에서 마무리되고, 최고경영자에게까지 책임을 묻는 사례는 많지 않았습니다. 그런데 최고경영자가 책임을 지지 않으니 산업재해가 줄어들지 않고 실질적 개선이 이뤄지지 않는다는 비판이 제기되었고, 이런 비판을 받아들여 제정된 법이 중대재해처벌법입니다. 중대재해처벌법 시행에 따라 기업의 최고경영자가 처벌받을 가능성이 높아졌고, 혹자는 '대표이사 처벌법'이라 부르기도 합니다.

중대재해처벌법이 최고경영자에게 의무와 책임을 부과하는 건 맞지만, 그렇다고 중대재해 발생 시 무조건 최고경영자를 처벌하는 건 아닙니다. 앞서 언급했듯이, 회사가 중대재해를 예방하기 위한 노력을 충분히 했을 때에는 중대재해로 인한 처벌을 피할 수 있습니다.

충분한 노력을 했는지에 대한 평가는 주관적인 면이 강해서 회사 입장에서는 최선을 다했지만 규제기관이나 사법기관에서는 달리 판단할 수도 있습니다. 법이 시행된 초기에는 엄격한 기준을 적용할 가능성도 있어서 회사 경영자 입장에서는 걱정스러운 것도 당연합니다. 따라서 형사처벌이 걱정스러운 경영자에게 도움이 될 만한 실무적인 조언을 해볼까 합니다.

중대재해처벌법은 책임의 주체를 '경영책임자'로 부르는데, 이때 경영책임자는 사업을 대표하고 사업을 총괄하는 권한과 책임이 있는 사람 또는 이에 준하여 안전보건에 관한 업무를 담당하는 사람을 말합니다.[1]

일반적으로는 주식회사의 대표이사가 경영책임자에 해당됩니다. 보통의 회사에는 대표이사가 한 명인데, 대표이사를 추가하여 그 대표이사에게 안전보건과 관련된 권한과 업무를 집중시키는 게 하나의 방안이 될 수 있습니다. 기존 대표이사는 안전

---

[1]   중대재해처벌법 제2조 제9호

보건 이외의 업무를 챙기고, 신규 대표이사는 안전보건에 관해 전권을 가진다면 중대재해가 발생하더라도 기존 대표이사는 책임을 지지 않을 가능성이 높아집니다.

그런데 대표이사를 새롭게 선임하는 건 보통 일이 아닙니다. 이럴 때에는 안전보건업무책임자를 선임하는 게 대안이 될 수 있습니다. 안전보건업무책임자는 말 그대로 안전과 보건에 관한 업무를 총괄하여 처리하는 사람을 말합니다. 안전보건업무책임자가 별도로 있으면 대표이사가 아니라 안전보건업무책임자가 중대재해로 인한 책임을 질 가능성이 커집니다.

한 가지 유의할 사항을 강조드립니다. 안전보건업무책임자를 선임해두기만 하면 대표이사는 괜찮다가 아닙니다. 책임을 지기 위해서는 그만큼의 권한이 있어야 하고, 이건 중대재해에도 마찬가지입니다. 안전보건업무책임자에게 실질적인 권한이 부여되어야 비로소 대표이사의 책임이 줄어드는 것입니다.

안전보건업무책임자는 가급적 등기이사(登記理事)로 선임하는 것이 바람직합니다. 흔히 회사에서 고위 임원을 이사라고 부르는 경우가 많은데 이사라는 호칭을 사용한다고 해서 법률상 이사는 아닙니다. 법률상 이사는 주주총회에서 선임되고 법인 등기부등본에 이사로 등재된 사람(등기이사)을 말합니다. 또한 등기이사는 회사의 최고의사결정기구인 이사회에 참석하여 의견을 제시할 수 있으니, 그만큼 권한이 있다고 볼 수 있습니다.

또한 안전보건업무책임자는 업무를 할 때에도 실질적인 권한을 가지고 있어야 합니다. 예를 들면 안전과 관련한 문제가 있을 때 생산을 중단할 수 있는 권한, 안전에 관한 계획을 수립하고 실행할 수 있는 권한 등이 대표적인 예시라 할 수 있습니다. 이 때 안전보건업무책임자가 독자적으로 결정할 수 있어야 한다는 점이 중요합니다. 그렇지 않고 안전에 관한 사항을 대표이사에게 일일이 보고하고 승인받는다면 실질적인 안전보건업무책임자는 대표이사로 볼 여지가 커집니다.

김변의 정리

회사에서 벌어지는 중대재해를 예방하기 위해 중대재해처벌법이 제정되었습니다. 이로 인해 중대재해 발생 시 회사 경영자가 처벌받을 가능성이 커졌고, 이걱정씨도 바로 이 점을 걱정하는 것이죠. 중대재해처벌법으로 처벌을 피하고 싶다면 중대재해가 일어나지 않도록 예방하는 것이 최선의 방법입니다.

우선 안전보건에 관한 전담조직을 설치하고 충분한 예산을 배정하여 안전을 확보하기 위한 활동을 해야 합니다. 안전보건업무책임자를 등기이사로 선임해두면 대표이사의 처벌 가능성을 낮출 수도 있습니다. 하지만 그러기 위해서는 안전보건업무책임자에게 실질적인 권한과 책임을 부여하는 게 중요합니다.

case 5

과장 광고?
부풀려도 되는 것과
절대 안 되는 것

박정직 씨는 소불고기를 가공해서 판매하는 사업을 하고 있습니다. 처음에는 오프라인 가게에 주로 공급했지만, 코로나 이후 비대면 시대를 맞이해서 온라인 판매도 시작했죠. 홈페이지를 만들었고, 온라인 쇼핑몰업체에도 입점했습니다. 매출을 늘리기 위한 홍보도 대대적으로 기획하고 있고요. 그런데 홍보 업무를 맡은 직원이 가져 온 광고 문구 초안을 보니 고민이 생깁니다.

"1등급 횡성 한우로 만든 불고기 제품. 청정 지역에서 친환경 방식으로 자라 맛도 영양도 최고!"

박정직 씨가 고민하는 이유는 사실 박정직 씨 회사에서 만드는 불고기는 횡성 한우가 아니라 미국산 육우로 만든 것이기 때문입니다. 박정직 씨가 주저하자, 홍보 담당자는 이렇게 말했습니다.

"사장님, 어차피 광고는 다 실제보다 과장되게 마련입니다. 소비자들은 국내산인지 미국산인지 정확하게 구별하기도 어려워요. 별 문제 없으니 걱정하지 마세요."

홍보 담당자의 말처럼 광고는 다 어느 정도 과장을 하니 괜찮을까요? 이대로 광고해도 문제가 생기지 않을까요?

과장광고의 후폭풍

남양유업은 분유, 치즈 등 유가공 제품 및 카페믹스, 음료제품 등을 생산, 판매하는 회사로 식품 업계에서는 상당한 시장점유율을 차지하고 있습니다. 한편 이 회사는 각종 물의를 일으켜 구설에 오르는 일이 자주 있는데, 최근에는 과장광고 논란을 겪은 바 있습니다.

남양유업은 2021년 4월 심포지엄을 개최하여 자사의 불가리스 발효유 제품이 코로나19 항바이러스 효과가 있음을 국내 최초로 확인했다고 발표했습니다. 그러자 불가리스의 판매량이 급증했고 남양유업의 주가도 치솟았습니다.

하지만 남양유업의 성공은 오래가지 못했습니다. 남양유업의 말과 달리, 불가리스가 코로나 예방에 효과가 있다는 건 검증되지 않은 사실이었기 때문이죠. 식품의약품안전처는 남양유업을 「식품표시광고법」 위반 혐의로 경찰에 고발하는 한편, 불가리스를 생산하는 남양유업 세종공장에 대해 관할인 세종시에 영업정지 2개월의 행정처분을 권고했습니다. 남양유업은 소비자들의 거센 반발에 부딪혔고, 결국 최대주주인 홍원식 회장은 회장직에서 물러났습니다.

광고는 제품 판매를 촉진해서 회사에 도움을 주기 위한 활동인데, 이처럼 광고를 잘못했다가는 오히려 큰 피해를 입을 수 있습니다. 광고를 할 때는 과장광고를 하지 않도록 유의해야 합니다. 광고의 속성상 어느 정도는 실제보다 부풀려서 홍보하는 일이 많기는 하지만 과장의 정도가 심할 때에는 사기죄(詐欺罪)로 처벌될 수 있습니다.

그렇다면 어떤 경우에 사기죄로 처벌되는 걸까요? 판례는 "거래에 있어서 중요한 사항에 관하여 구체적 사실을 거래상의 신의성실의 의무에 비추어 비난받을 정도의 방법으로 허위로 고지한 경우"라는 기준을 제시하고 있습니다.[1] 그 정도가 어느 정도인지 감을 잡을 수 있도록 실제 사례를 소개하려고 합니다.

A씨는 광고 방송을 통해 '기획특선 산양산삼'을 판매했습니

---

1   대법원 1992. 9. 14. 선고 91도 2994 판결

다. 방송에서 A씨는 이 제품이 자연산삼(장뇌삼)의 종자를 농업 협동조합원들이 심산유곡에 심고 자연방임 상태에서 성장시켰다가 수십 년 만에 채취한 진짜 산양산삼이라고 강조했습니다. 또한 삼 전문가가 객관적인 입장에서 진짜 산양산삼이라는 걸 확인한 보증서까지 첨부했습니다.

그러나 실제는 달랐습니다. 사실 그 제품은 산삼에서 유래된 종자인지 여부가 불분명한 삼의 종자를 사용하여 인위적으로 싹을 틔운 뒤 수년 단위로 이식해가면서 인공적으로 재배한 삼이었고, A씨 역시 그 사실을 잘 알고 있었습니다. 물론 보증서도 가짜였습니다. 법원은 A씨가 사기죄를 저질렀다며 유죄 판결을 선고했습니다.[2]

과장광고를 하면 형법상 사기죄로 형사처벌을 받을 수 있을 뿐 아니라 「표시·광고의 공정화에 관한 법률」(약칭: 표시광고법)에 따른 제재를 받을 수 있습니다. 대표적인 제재로는 위반되는 행위를 중지시키는 시정조치(시정명령)와 매출액의 일정액을 돈으로 내게 하는 과징금 부과가 있습니다. 한 유통업체도 과장광고로 제재를 받은 적이 있습니다.

대규모 유통점을 보유한 E회사는 광고 전단지를 배포하여 '1+1행사'를 한다는 사실을 널리 알렸고, 샴푸도 그중 하나였습

---

2 대법원 2002. 2. 5. 선고 2001도5789 판결

니다. E회사는 1+1 행사를 하면서 샴푸 가격이 개당 9,800원이라고 알렸지만, 사실은 그게 아니었습니다. 광고 전에는 해당 샴푸를 6,500원에 판매했기 때문입니다. 소비자 입장에서는 1+1 행사를 하는 상품을 구매하면 종전의 1개 판매가격으로 2개 구매하는 것보다 경제적으로 상당히 유리하다고 생각합니다. 그런데 E회사는 종전의 1개 판매가격을 높여서 1+1 행사를 개최하는 꼼수를 썼습니다. 공정거래위원회는 E회사에 시정명령을 내리고 과징금을 부과했습니다. E회사는 공정거래위원회의 처분에 문제가 있다며 소송을 제기했지만, 법원도 E회사의 광고가 과장광고가 맞다고 판단했습니다.[3]

과장광고로 인한 형사처벌과 행정적인 제재를 피하려면 제품에 대해서는 가급적 진실한 사실만 이야기하고 거짓된 내용을 포함해서는 안 됩니다. 적극적으로 거짓을 말하는 것뿐 아니라 소극적으로 중요한 사실을 숨기는 것도 안 됩니다. 공정거래위원회의 심사기준 및 예시 사례[4]를 통해 어떤 사실을 숨기면 문제가 될 수 있는지 확인해보겠습니다.

---

3 대법원 2018. 7. 20. 선고 2017두59215 판결
4 기만적인 표시·광고 심사지침 [공정거래위원회예규 제268호, 2016. 12. 23., 일부개정]

구분	예시
제조자·판매자 등 사업자에 관한 정보의 은폐·누락	부품을 수입하여 국내에서 조립·생산한 시계인데도 '스위스에서 가장 사랑받는 정통 고급 시계'라고 광고하는 경우
제품·용역의 품질·종류·수량·원산지(재배지 등) 등에 관한 정보의 은폐·누락	판매하는 의류 중에 이월상품이 포함되어 있음에도 불구하고, 이월상품을 신상품과 동일하게 전시·판매하면서 이월상품이라는 사실을 밝히지 않는 경우
가격 또는 거래조건에 관한 정보의 은폐·누락	TV를 통해 보험광고를 하면서 가입조건, 보험계약 갱신 시 갱신조건 등을 표시하기는 하였으나, 광고 끝에 지나치게 작은 글씨로 별도의 언급(방송멘트) 없이 화면 하단에 약 1초 정도만 표시·광고하는 경우
특정 조건이나 제한적 상황의 은폐·누락	경품행사를 표시·광고하면서 경품인 휴대폰을 받으려면 특정 통신사와 약정할인계약을 체결하여야 함에도 불구하고, 이러한 조건을 밝히지 않는 경우
소비자의 구매선택에 있어 중요한 사항에 대한 축소	결혼정보 분야 1위라고 광고하면서 순위를 정하는 방식에 대해 아무런 표시를 하지 않는 경우

비교광고에도 정도가 있다

광고를 하는 건 결국 자신의 제품을 더 많이 팔기 위해서입니다. 그런데 이를 알리기 위해 자사 제품이 좋다는 사실만 보여주는 것으로는 부족할 수 있습니다. 대체로 시장에는 유사한 제품이 넘쳐나기 때문이죠. 즉 자사 제품이 타사 제품보다 더 뛰어나다는 인식을 심어줘야 소비자의 선택을 받을 수 있습니다. 그러니 회사 입장에서는 타사 제품과 자사 제품을 비교하는 광고를 하고 싶은 게 인지상정입니다. 하지만 「표시광고법」상 '부당하게' 타사 제품과 비교하는 광고는 금지됩니다.[5]

이때 핵심은 부당성(不當性)입니다. 그렇다면 어떤 경우에 부당성이 인정되어 위법하게 되는지를 공정거래위원회의 심사지침[6]을 통해 알아보겠습니다.

첫째, 비교 대상인 타사 제품이 자사 제품과 동일하거나 동급이어야 합니다. 만약 경쟁사 상품이 자사 상품과 용량, 크기, 생산 시기, 등급, 특성 등에 차이가 있어 거래상식상 같지 않은데도 둘을 단순비교하면 부당한 비교 표시·광고에 해당할 수 있습니다. 예를 들어 경쟁사에 동급의 잉크젯 프린터가 존재함에도 자사의 최신 잉크젯 프린터와 이보다 가격 및 성능이 떨어지는 경쟁사 구형 잉크젯 프린터 간 컬러 인쇄 시 출력 속도를 비교하면 부당한 비교 표시·광고가 되는 겁니다.

둘째, 자사 제품과 타사 제품을 비교하는 기준(가격, 성능, 품질, 판매량, 서비스 내용 등)도 동일해야 합니다. 달리 말해 서로 다른 조건, 기간, 환경 등 동일하지 않은 기준에 의하여 비교하는 경

---

5   표시광고법 제3조 제1항 제3호
6   비교표시·광고에 관한 심사지침 [공정거래위원회예규 제269호, 2016. 12. 23., 일부개정]

우에는 부당한 비교 표시·광고에 해당할 수 있습니다. 엔진오일을 예로 들어보죠. 엔진오일의 성능은 온도에 따라 달라집니다. 두 제품 모두 동일하게 상온에서의 엔진오일 성능을 비교하는 건 괜찮지만, 한 제품은 상온에서의 성능을 측정하고 다른 제품은 고온에서의 성능을 비교하는 건 부당합니다.

셋째, 비교 내용도 중요합니다. 소비자가 상품을 선택하는 데 중요한 요소도 당연히 비교 대상입니다. 하지만 비교 사항의 내용상 차이가 객관적으로 의미 없거나 아주 근소하여 성능이나 품질 등에 미치는 영향이 미미한데도 그 차이가 성능이나 품질 등에 중대한 영향을 미치는 것처럼 표시·광고하거나 다른 사업자의 상품을 실제 이상으로 열등한 것처럼 표시·광고하는 경우 부당한 비교 표시·광고일 가능성이 높습니다. 맥주를 제조하는 과정에서의 열처리 여부가 객관적으로 맥주 맛의 우열을 결정 짓는 것이 아닌데도 이를 근거로 자사의 비열처리 맥주가 경쟁사의 열처리 맥주에 비해 맛의 우위를 점하는 것처럼 소비자가 오해하게 만드는 광고가 바로 그 예입니다.

넷째, 비교 방법도 객관적이고 공정해야 하며 시험·조사 결과를 인용할 때 그 내용을 정확하게 인용해야 합니다. 따라서 자동차 회사가 자사의 교통사고율이 경쟁사 차량의 교통사고율보다 낮다는 통계 자료만을 인용하여 자사 차량이 경쟁사 차량에 비해 훨씬 더 안전하다고 광고한다면 부당성이 인정될 여

1장 | 사장이 몰랐다간 회사가 휘청이는 형사 사건

지가 있습니다. 왜냐하면 교통사고는 차량 결함 이외에 운전자의 부주의 등 다양한 원인에 의해서 유발되므로 교통사고의 원인에 대해 종합적으로 분석해야 안전성을 평가할 수 있기 때문입니다.

김변의 정리 ⚖️

남양유업 사례에서 알 수 있듯이 광고를 잘못하면 회사에 큰 손실을 야기할 수 있습니다. 거래에 관한 중요한 사항을 속여서 재산상 이득을 취하면 사기죄로 처벌됩니다. 또한 「표시광고법」에 따라 시정명령을 받거나 과징금이 부과되기도 합니다. 소극적으로 중요한 사실을 알리지 않는 것도 문제가 되니 소비자에게 중요 사항을 알릴 필요가 있습니다.

경쟁사 제품과 비교하는 광고를 할 때는 더욱 유의해야 합니다. 비교 대상, 비교 기준, 비교 내용, 비교 방법이 객관적이고 합리적이어야 하며, 동일하지 않은 잣대로 비교하면 부당한 광고로 제재를 받습니다.

case 6
업무를 방해하는 회사 앞
시위에 똑똑하게 대처하는 법

전해지 씨는 회사에 출근을 할 때마다 극심한 스트레스를 받습니다. 전해지 씨 회사 앞에서 시위를 하는 박불만 씨 때문이죠. 두 사람 사이에 무슨 일이 있었던 걸까요?

전해지 씨 회사는 박불만 씨 회사로부터 다량의 물건을 납품받았습니다. 그런데 박불만 씨 회사가 납품한 제품은 불량률이 높고 품질이 매우 떨어졌습니다. 여러 차례 시정을 요구했지만 결과는 달라지지 않았죠. 전해지 씨는 할 수 없이 계약을 해지했습니다.

그때부터 박불만 씨는 전해지 씨 회사 앞에서 시위를 벌였습니다.

전해지 씨를 노골적으로 비난하는 현수막을 내걸고 확성기까지 틀었습니다. 하루도 빠짐없이 시위가 계속되니 전해지 씨도 매우 곤혹스러웠습니다. 그렇다고 품질이 떨어지는 박불만 씨 회사의 물건을 다시 받을 수도 없었습니다.

전해지 씨가 자신의 요구를 들어주지 않자, 박불만 씨의 행동은 점점 과격해졌습니다. 장송곡을 크게 틀거나 원색적으로 전해지 씨와 전해지 씨 회사를 비난하는 발언도 서슴지 않았습니다.

전해지 씨 회사가 입주한 건물에는 전해지 씨 회사 이외에 다른 회사와 일반 가게도 많이 입주해 있어, 그들의 눈치도 많이 보였습니다. 더군다나 업무 회의를 위해 전해지 씨 회사를 방문했던 업체들 중 일부는 시위 현장을 보더니 계약을 하지 않겠다는 결정까지 내려 회사에 직접적인 손실까지 생기고 말았습니다. 이제 전해지 씨는 어떻게 해야 할까요?

이렇게 하면 업무방해

업무방해죄와 관련된 본격적인 이야기를 하기에 앞서 간단한 퀴즈를 하나 내보겠습니다. 다음의 사례와 공통적으로 연관 있는 범죄는 무엇일까요?

- 노동조합의 간부인 '갑'은 회사 휴무일에 관한 유인물을 만들어서 노동조합원들에게 배포했습니다. 유인물을 받은 근로자들

은 휴무라고 생각해서 출근하지 않았습니다. 그런데 사실 그날을 휴무일로 정하는 사안은 회사와 노동조합 사이에 합의되지 않은 상태였고, 단지 노동조합 간부가 일방적으로 정한 것이었습니다. 근로자들이 출근하지 않은 탓에 하루 동안 공장은 제대로 돌아가지 않았습니다.[1]

- '을' PD는 음악전문 채널의 오디션 프로그램을 연출하고 있습니다. 그는 프로그램을 시작할 때부터 방송하는 동안 시청자들의 투표 결과에 따라 참가자들의 순위를 매긴다는 점을 지속적으로 강조했습니다. 그런데 사실 순위는 시청자들의 투표 결과와 무관하게 이미 정해져 있었습니다. 을 PD가 투표 결과를 조작했던 것입니다.[2]

- '병'은 마스크를 쓰지 않고 버스를 탔습니다. 버스기사와 승객들이 "마스크를 써달라"고 요구하자, 병은 "마스크를 쓰면 답답한데 어떡하냐"며 큰 소리로 항의했습니다. 그러자 일부 승객이 마스크를 쓰지 않을 거라면 버스에서 하차하라고 병에게 요구했고, 그러자 그는 욕설을 하며 버스 출입문을 발로 찼습니다. 병의 행동으로 버스 운행은 지연되었습니다.[3]

---

1 대법원 1992. 3. 31. 선고 92도58 판결
2 대법원 2021. 3. 11. 선고 2020도17078 판결
3 서울중앙지방법원 2021고단1019

이들 사건에 공통적으로 등장하는 죄명은 업무방해죄(業務妨害罪)입니다. 업무는 해야 할 일을 의미하므로 대체로 부정적 의미로 쓰이는 경우가 많지만, 법적으로 업무를 방해하는 건 범죄입니다. 이때의 '업무'는 "직업 또는 사회생활상의 지위에 기하여 계속적으로 종사하는 사무나 사업"을 말합니다.[4]

업무를 방해하는 방법은 크게 세 가지가 있습니다.

첫째, '허위 사실의 유포'입니다. 사실과 전혀 다른 이야기를 퍼뜨리는 것이죠. 휴무일이 아닌데도 휴무일이라고 노동조합원들에게 알린 '갑'의 행동이 허위 사실의 유포입니다.

둘째, '위계(僞計)'입니다. 다른 사람을 속이는 걸 말하죠. 위계는 허위 사실의 유포보다 더 넓은 개념으로, 허위 사실의 유포는 위계의 일종이라고 볼 수 있습니다. 시청자 투표는 순위 결정에 결정적 영향을 미치지 않는데도 마치 시청자 투표로 순위가 정해지는 것처럼 시청자를 속인 '을' PD는 위계로 업무를 방해한 것입니다.

셋째, '위력(威力)'을 과시하는 것입니다. 위력은 사람의 의사의 자유에 영향을 미치는 일체의 행동을 말합니다. 폭행이나 협박이 위력의 대표적인 사례지만, 폭행·협박을 하지 않더라도 고함을 지르는 행위, 자신의 지위나 권세를 이용하는 행위도 위력

---

[4] 대법원 1989.9.12. 선고 88도1752 판결

행사입니다. 마스크를 쓰지 않은 채 큰 소리를 지르며 난동을 부린 '병'은 위력으로 업무를 방해한 것입니다.

업무방해를 대하는 자세

업무방해와 관련해서 자주 문제가 되는 건 시위나 집회입니다. 표현의 자유는 민주주의에서 핵심 권리의 하나이고, 우리나라 헌법은 집회 및 결사의 자유를 보장하고 있습니다. 시위는 여러 사람이 한 장소에 모여서 구호를 외치거나 노래를 부르면서 세력을 과시하는 활동이니, 그 과정에서 다른 사람에게 일정한 불편을 초래할 수밖에 없습니다.

특히 회사 앞에서 시위를 하면 회사 업무가 방해를 받습니다. 하지만 여기서 주의할 점이 있습니다. 시위 때문에 회사 업무에 지장이 있더라도 무조건 업무방해가 성립되는 건 아니라는 점이죠. 시위로 인한 사소한 피해가 생기더라도 그 시위가 정당행위인 경우에는 처벌되지 않습니다. 그렇다고 시위의 자유가 무제한적으로 인정되지는 않습니다. 선을 넘은 시위를 하면 업무방해죄로 5년 이하의 징역 또는 1,500만 원 이하의 벌금에 처해집니다. 사실, 합법과 불법을 가리는 명확한 기준은 없습니다. 법원은 시위를 하는 장소, 방법, 형태, 피해의 정도 등을 종합적

으로 고려해서 개별적으로 불법 여부를 가립니다.[5]

그럼에도 회사를 향한 과격하고 지속적인 시위 때문에 상당한 곤란을 겪고 있다면 업무방해죄로 고소하는 방안을 고려해 봐야겠죠. 하지만 업무방해죄로 고소할 때 도움이 될 만한 사항을 알아야 제대로 고소할 수 있습니다.

첫째, 시위를 하게 된 경위를 잘 살펴봐야 합니다. 시위의 자유가 있더라도 정당한 요구를 하는 시위와 터무니없는 주장을 하는 시위를 똑같이 보기는 어렵습니다. 시위하는 측의 주장 내용이 근거가 없고 합리적이지 않다는 사실을 부각할 필요가 있습니다.

둘째, 시위의 방법을 꾸준하게 확인해야 합니다. 시위가 회사의 기물을 파손하는 등의 폭력적인 방법으로 이뤄진다면 업무방해죄에 해당할 가능성이 매우 높습니다(물론 기물 파손은 그 자체로도 범죄가 됩니다). 시위하는 과정에서 욕설을 하거나 원색적인 비난을 하는 경우, 장송곡을 트는 경우, 지나치게 심한 소음을 유발하는 경우에는 업무방해죄의 가능성이 높아집니다.

셋째, 시위 과정에 대한 증거를 확보해야 합니다. 법적인 분쟁이 생겼을 때에는 주장보다 증거가 더 큰 힘을 발휘합니다. 시위 현장을 촬영하고 소음을 측정하여 시위로 인한 불편과 피해가

---

5   대법원 2009. 7. 23. 선고 2009도840 판결

매우 크다는 증거를 미리 잘 마련해두어야 합니다.

넷째, 적극적으로 주변의 도움을 받는 것이 좋습니다. 시위를 하면 해당 회사뿐 아니라 다른 사람들도 피해를 입을 수밖에 없습니다. 예를 들어 그 건물에 입주한 다른 회사나 가게가 있다면 그곳 운영자에게서 '시위 때문에 막대한 피해를 입고 있다'라는 취지의 확인서를 받아두는 게 도움이 됩니다.

업무방해죄로 고소하는 건 형사법적인 대응 방법인데, 시위에 대해서는 민사법적인 대응도 가능합니다. 가장 일반적으로 생각할 수 있는 건 '집회·시위금지가처분'입니다. 집회·시위금지가처분에서 주장할 내용은 업무방해죄로 고소할 때의 내용과 크게 차이가 없습니다. '시위를 할 정당한 이유가 없고, 시위의 방법이 지나치며, 시위 때문에 큰 피해를 입고 있다'라는 점을 명확하게 밝히는 게 중요합니다.

가처분의 장점은 비교적 결과가 빨리 나온다는 점입니다. 짧게는 가처분 신청을 한 때로부터 2~3달 안에 가처분 결정이 내려지기도 하니 신속한 결론을 얻고 싶다면 가처분이 매우 유용합니다.

가처분을 신청할 때에는 간접강제(間接强制)도 함께 신청하는 게 중요합니다. 간접강제는 심리적 압박을 가함으로써 채무자로 하여금 채무를 이행하게 하는 방법으로, 가처분 결정의 실효성을 높이기 위한 것입니다. '회사 앞에서 시위를 해서는 안 된다'라는 법원의 가처분 결정이 있더라도 시위하는 사람이 그 결정을 무시해버리면 가처분도 소용이 없습니다. 이에 반해, '회사 앞에서 시위를 해서는 안 된다'라는 결정과 함께 '이를 위반하는 경우, 1일당 50만 원을 지급해야 한다'라는 간접강제 결정을 받는다면 시위하는 사람에게 상당한 압박이 됩니다.

김변의 정리

다른 사람을 속이거나 일정한 힘을 사용해서 업무를 방해하면 업무방해죄가 됩니다. 또한 전해지 씨의 경우처럼 누군가의 과격한 시위 때문에 회사의 업무가 방해받고 있다면 업무방해죄로 고소할 수 있습니다. 이때 시위의 방법을 꾸준하게 확인하고, 시위 과정에 대한 증거를 확보하는 게 중요합니다.

형사 고소 이외에 '집회·시위금지가처분'을 신청하는 것도 많이 사용하는 방법인데, 집회·시위금지가처분을 할 때는 간접강제도 함께 신청해야 실효성이 높아집니다.

case 7

세금계산서를 함부로
발행하면 큰일 나는 이유

사례

송토이 씨는 아동용 장난감을 만들어서 판매하는 회사를 운영하고 있습니다. 그러던 어느 날, 회계 담당 부서 직원에게서 법인세 납부 내역을 확인한 송토이 씨는 한숨이 나왔습니다. 회사 매출이나 영업 이익에 비해 세금이 너무 많다는 생각이 들었기 때문입니다. 원자재와 인건비가 계속 올라 회사 운영에 어려움이 큰데 세금까지 많이 내려니 더욱 힘에 부친다는 생각이 들었던 것이죠.

송토이 씨는 거래처 직원 강꼼수 씨와 식사를 하는 중에 부가가치세에 대한 부담을 토로했습니다.

"사업하기가 점점 힘들어져요. 원자재값이나 인건비는 계속 오르는데 세금은 점점 더 많이 내야 하고…"

송토이 씨의 하소연을 들은 강꼼수 씨는 솔깃한 제안을 했습니다.

"세금을 확 줄일 수 있는 방법이 있긴 있어요."

"네? 그런 방법이 있어요?"

"세금계산서를 대량으로 발급하면 됩니다."

강꼼수 씨는 뜻밖의 방법을 알려주었습니다. 송토이 씨는 잘 이해가 되지 않아 되물었습니다.

"거래도 하지 않았는데 세금계산서를 발급하면 위법 아닌가요?"

그러자 강꼼수 씨는 두 회사가 입을 맞추면 특별한 문제가 없고, 다들 그렇게 세금을 줄이고 있다고 대답했습니다.

솔깃한 제안이긴 했지만 송토이 씨는 겁이 나기도 했습니다. 정말 강꼼수 씨의 말대로 세금계산서를 대량으로 발급해도 되는 걸까요?

세금계산서란 무엇일까

미국의 정치가 벤저민 프랭클린(Benjamin Franklin)은 이런 말을 했습니다.

"이 세상에서 죽음과 세금만큼 확실한 것은 없다."

사람이 태어나서 활동하는 한 세금을 피할 수는 없다는 말인데, 그건 회사도 마찬가지입니다. 사업이 영세하면 세금을 내지 않을 수도 있지만, 보통의 회사나 사업주는 영업 관련한 세금을 많이 부담합니다.

회사는 이익을 얻는 게 주된 목적이기 때문에 거래를 할 때 일정한 이윤(마진)을 붙입니다. 이렇게 재화나 용역(서비스)에 관한 거래를 할 때 덧붙여진 이윤(마진)을 부가가치라 부르고 부가가치에 대해서 부과되는 세금이 바로 부가가치세(附加價値稅)입니다.

부가가치세는 재화 및 용역의 최종가격의 10%인데 결과적으로 부가가치세를 부담하는 사람은 최종적인 소비자입니다. 대개는 세금을 부담하는 사람과 납부하는 사람이 같지만, 간혹 궁극적으로 세금을 부담하는 사람과 세금을 납부하는 사람이 다른 경우도 있습니다. 이걸 간접세라고 부르죠. 부가가치세도 간접세의 일종입니다. 최종 부담은 소비자가 하지만 부가가치세를 세무당국에 내는 것은 각 기업입니다.

부가가치세와 떼려야 뗄 수 없는 게 세금계산서(稅金計算書)입니다. 세금계산서는 사업자가 재화나 용역을 공급하는 경우에 공급받은 자에게 발급하는 계산서[1]입니다. 세금계산서에는 공급에 관한 주요한 사항을 정확하게 적어야 합니다. 공급하는 사업자의 등록번호와 성명 또는 명칭, 공급받는 자의 등록번호, 공급가액, 부가가치세액 및 작성 연월일, 공급품목 등이 기재됩니다.

---

[1] 부가가치세법 제32조 제1항

과거에는 종이로 된 세금계산서를 발급하는 일이 많았지만 요즘에는 IT기술이 발달하여 전자세금계산서가 주로 이용됩니다.

세금계산서를 제대로 발급하지 않으면 생기는 낭패

실무적으로 세금계산서 발급과 관련한 범죄는 매우 빈번하게 발생합니다. 큰 문제가 아니라고 생각하는 사람들이 있지만, 결코 가벼운 범죄가 아니므로 매우 유의해야 합니다.

세금계산서 발급에 관하여 문제되는 유형은 크게 두 가지가 있습니다. 첫 번째는 세금계산서를 발급해야 하는데도 발급하지 않는 경우이고, 두 번째는 세금계산서를 발급하면 안 되는데 발급한 경우입니다.

사업자는 재화 또는 용역을 공급할 때 반드시 세금계산서를 발급해야 합니다. 법에서 정한 요건을 갖춘 이상 세금계산서 발급은 의무이지 선택 사항이 아닙니다. 그런데 실무에서는 매출을 축소하기 위해 세금계산서를 발급하지 않는 일이 종종 발생하는데, 세금계산서를 발급하지 않는 것 자체가 위법이라는 걸 명심해야 합니다.

부가가치세법은 공급하는 자가 세금계산서를 발급'해야' 할 의무를 규정하고 있고, 공급받는 쪽이 세금계산서를 발급'받아야' 할 의무는 부과하지 않습니다. 따라서 단순히 세금계산서를 받지 않았다고 해서 처벌이 되지는 않습니다. 하지만 공급받는 쪽이 공급하는 쪽과 짜고 일부러 세금계산서를 발급받지 않는 건 문제입니다. 즉 공급하는 쪽이 세금을 줄이기 위해 세금계산서를 발급하지 않는다는 걸 알면서도 세금계산서를 받지 않는다면 공급받는 쪽도 처벌됩니다.[2]

세금계산서 발급과 관련해서 자주 문제가 생기는 건 재화 또는 용역을 공급하지 않고 세금계산서를 발급하는 경우입니다. 거래도 없는데 가짜 세금계산서를 발급하는 행위를 실무상으로는 '자료상 거래'라고 부릅니다.

원래 자료상(資料商)은 세무 자료가 되는 세금계산서를 필요로 하는 사람에게 일정액의 수수료를 받고 팔아 주는 일을 직업으로 하는 사람을 말했습니다. 하지만 지금은 의미가 변질되어 세금계산서로 탈세를 부추기는 사람 또는 탈세하는 행위를 가리키는 단어가 되었죠.

거짓 세금계산서를 발급받는 이유는 세금을 줄이기 위해서입니다. 세금계산서 발급과 세금을 줄이는 것의 관계를 이해하려면 부가가치세를 구하는 방법을 알아야 합니다. 부가가치세는 매출액에서 매입액을 뺀 금액의 10%입니다.

2　조세범 처벌법 제10조 제2항

- 부가가치세 = (매출액 - 매입액)×10%

위 산식에 따를 때 공제되는 매입액이 커질수록 부가가치세는 줄어듭니다. 매입액이 증가하는 정상적인 방법은 제품이나 용역을 구입해서 실제 거래하는 것이지만, 탈법적으로 거짓의 세금계산서를 발급받으면 아무런 거래가 없어도 매입액이 증가하는 효과가 일어납니다. 공제되는 세액이 커지니 부가가치세 납부 금액이 줄어듭니다. 또한 매입액이 커진다는 건 지출되는 비용이 증가한다는 의미이니 소득도 줄어들고 그만큼 법인세도 줄일 수 있습니다.

세금을 내야 하는 기업 입장에서는 자료상 거래가 세금을 줄일 수 있는 훌륭한 수단이라고 생각할 수도 있으나, 이건 절세가 아니라 탈세이고 명백한 불법입니다. 실제 거래가 없음에도 거짓의 세금계산서를 발급하거나 발급받으면 3년 이하의 징역 또는 공급가액에 부가가치세의 세율을 적용하여 계산한 세액의 3배 이하에 상당하는 벌금에 처해집니다.[3] 자료상 거래는 부가가치세 및 세금계산서 제도의 근간을 흔들 수 있는 행위여서 법원도 자료상 거래를 엄격하게 처벌하고 있습니다.

---

3 조세범 처벌법 제10조 제3항
4 〈자료상 행위는 '중대범죄' 유죄판결 받으면 '명단공개'된다〉,《세정일보》, 2021. 11. 15.

국세청의 '자료상 세무조사 실적' 자료에 따르면, 거짓의 세금계산서를 발행하는 자료상의 조사 건수는 2016~2020년간 총 7648건, 고발 건수는 5393건에 달해 연평균 1000건 이상 자료상에 의한 범죄 혐의가 발생한 것으로 나타났고, 해당 기간 자료상 적발을 통해 부과된 세액은 8,336억 원에 이릅니다.[4]

김변의 정리

거래를 하면서 더해진 가치를 부가가치라 부르고 부가가치에 대한 세금이 부가가치세입니다. 재화나 서비스를 공급하면 공급받는 쪽에 세금계산서를 발급해야 하는데, 세금계산서는 부가가치세를 포함하여 거래를 했다는 사실을 확인하는 문서이기도 합니다. 세금계산서는 반드시 발급해야 하는 것이어서 발급하지 않는 것 자체가 불법입니다. 뿐만 아니라 실질적인 거래가 없음에도 세금을 줄이기 위해 거짓의 세금계산서를 발급하는 행위 또한 명백한 범죄입니다.

송토이 씨처럼 힘들게 업체를 운영하는 입장에서는 조금이라도 세금을 줄이기 위해 애쓰겠지만, 그렇다고 불법을 저질러서는 안 됩니다. 그야말로 소탐대실이 될 수도 있으니, 조금 힘들더라도 정직하고 올바르게 사업을 하는 게 먼 미래를 볼 때 훨씬 이득이 됩니다.

2장

직원 채용에서
해고까지,
사장이 알아야 할
노동법

case 8

채용 과정에서 일어난 사소한 부주의가 사장을 법정에 서게 한다

사례

이수산 씨는 수산식품을 가공하는 회사를 운영하고 있습니다. 주요 고객은 일본 소비자들로 일본 수출이 전체 매출의 절반 이상을 차지합니다.

한국산 수산식품에 대한 인기가 높아지자 이수산 씨 회사 제품에 대한 수요도 높아졌고 덩달아 업무도 대폭 늘었습니다. 기존 인력으로는 일을 감당하기 어려워진 이수산 씨는 직원을 추가로 채용할 계획을 세우고 채용 공고를 냈습니다. 면접 과정을 거쳤고, 지원자 중에서 가장 우수해 보이는 김일등 씨를 채용하기로 했습니다.

그런데 김일등 씨를 채용하기로 결정한 뒤에 상황이 급변했습니다. 일본이 갑자기 한국 수출품에 대한 규제를 강화했고 판로가 막혔습니다. 매출은 뚝 떨어졌고 일거리도 줄어들었죠. 직원을 채용할 상황이 아니라고 판단한 이수산 씨는 김일등 씨에게 회사 사정상 채용할 수 없게 되었다고 통보했습니다.

그로부터 몇 달 뒤, 이수산 씨는 김일등 씨가 소송을 제기했다는 걸 알게 되었습니다. 채용 취소로 인해 손해를 입었으니 손해배상을 하라는 게 김일등 씨의 주장이었습니다. 이수산 씨는 김일등 씨에게 손해배상을 해야 할까요?

정확하고 분명한 채용 공고가 문제의 싹을 자른다

고용절벽이라는 말이 있을 정도로 일자리를 구하는 게 점점 어려워지고 있습니다. 그러다 보니 채용 시장에서는 회사가 '갑'의 위치에 서고 채용을 희망하는 구직자는 '을'이 되는 경우가 많습니다. 하지만 현실적으로 회사가 강자에 해당하더라도 모든 걸 회사 마음대로 할 수는 없습니다. 구직자를 보호하기 위한 각종 법률이 있기 때문이죠. 구직자 채용 단계별로 유의할 사항을 하나씩 알아보겠습니다.

직원을 뽑을 때는 알음알음 또는 지인 소개로 채용하는 경우도 있지만 대체로 채용 공고를 통해 직원을 채용합니다. 그런데 간혹 실제와 다르게 채용 공고를 내는 회사가 있습니다. 사무직이라고 공고를 냈는데 실제로는 물품을 판매하는 영업사원이거나, 공고에는 정규직이라고 적어놓았는데 알고 보니 계약직인 경우가 대표적이죠.

이처럼 채용 공고의 내용과 실제 근무 조건을 다르게 적용하는 건 「채용절차의 공정화에 관한 법률」(약칭: 채용절차법) 위반이고, 위반 시 500만 원 이하의 과태료가 부과됩니다.[1] 다만 채용절차법이 금지하고 있는 건 '정당한 사유 없는 근로조건 변경'이므로 채용 공고를 할 당시의 상황과 채용할 때의 상황이 크게 바뀌는 등 정당한 사유가 있다면 이야기가 달라집니다.

구직자 채용 시 주의해야 할 또 다른 점은 실무 능력을 확인하기 위한 절차를 악용하는 경우입니다. 회사 입장에서는 직원을 채용하기 전에 지원자가 어느 정도의 업무 능력을 가지고 있는지 확인하고 싶을 수 있습니다. 그래서 채용 단계부터 과제를 부여하고 과제 수행 결과를 제출하도록 하는 경우가 있죠. 실무적인 능력을 확인하기 위해 적정한 수준의 과제를 부여하는 건 괜찮지만 이를 악용하는 경우가 있는데, 실제로는 채용할 생각이 없는데 구직자들에게 아이디어를 얻거나 회사를 홍보하려고 거짓 채용 공고를 내는 일이 그것이죠. 이러한 거짓 채용 공고도

---

1   채용절차법 제17조 제2항

채용절차법이 금지하고 있는 행위입니다. 채용 공고와 다르게 근로조건을 정하면 과태료가 부과되는 정도지만, 거짓 채용 공고를 낸 사람은 5년 이하의 징역 또는 2,000만 원 이하의 벌금에 처해지니 가볍게 볼 문제는 아닙니다.[2]

채용절차법과 관련해서 채용절차법의 적용 대상을 알아둘 필요가 있습니다. 채용절차법은 상시 근로자가 30명 이상인 회사에만 적용되고, 국가 및 지방자치단체가 공무원을 채용하는 경우에는 적용되지 않습니다.

구직자에게 함부로 말하면 큰코다친다

한때 '압박 면접'이 유행했던 적이 있습니다. 구직자를 아주 가혹한 상황으로 내몰아서 압박한 뒤 구직자의 반응을 살펴보는 면접 방식입니다. 궁지에 몰리면 사람의 본모습이 나온다고 하니 구직자의 진면목을 확인할 수 있는 기회라고 생각해서 그런 면접을 기획한 것이죠. 하지만 면접에서 정도를 넘어선 질문을 했다가는 얻는 것보다 잃는 게 더 많아질 수 있습니다.

실제로 최근 한 유명 제약회사의 면접 과정에서 나온 질문이 큰 논란을 일으킨 적이 있습니다. 신입사원 채용 면접에서 면접

---

2   채용절차법 제16조

관이 여성 지원자에게 "여자라서 군대에 가지 않았으니 남자보다 월급을 적게 받는 것에 동의하느냐?" "군대에 갈 생각이 있느냐?"와 같은 질문을 던져 많은 사람의 질타를 받은 것이죠. 이 일로 제약회사 대표는 온라인에 공개 사과의 글을 올려야 했습니다.[3]

면접장에서의 부적절한 언행은 기업의 평판을 저하시킬 뿐 아니라 법적인 문제까지 야기할 수 있습니다.

구직자에게 경멸적 표현을 했다면 모욕에 해당할 여지가 있습니다. 법률적 의미의 모욕(侮辱)은 "사람의 사회적 평가를 저하시킬 만한 추상적 판단이나 경멸적 감정을 표현하는 것"을 의미합니다.[4] 모욕과 유사한 개념으로 명예훼손이 있는데, 명예훼손은 구체적인 사실을 이야기하는 것이고, 모욕은 구체적인 사실을 말하지 않는 것입니다.

법률적 의미의 모욕이 되려면 공연성(公然性)이라는 요건을 갖춰야 합니다. 공연성은 공개적으로 드러난 성질을 의미하니, 공연성이 있으려면 다른 사람이 있는 공개된 장소에서 모욕 행위를 해야 합니다. 그러니까 모욕을 당한 피해자와 모욕을 한 사람 단 둘이 있는 상황에서는 모욕이 아닙니다. 1:1 면접이라면 모

---

3 〈채용 면접 성차별 질문 논란 동아제약 공식 사과〉,《한국일보》, 2021. 3. 22.

4 대법원 2015. 12. 24. 선고 2015도6622 판결

욕이 성립하기 어렵지만 다른 사람이 있다면 모욕이 될 수 있다는 점을 명심해야 합니다.

모욕은 「형법」이 금지하고 있는 범죄 행위라서 상대를 모욕하면 1년 이하의 징역이나 금고 또는 200만 원 이하의 벌금에 처해집니다.[5] 모욕을 했다고 징역형이 선고되는 일은 드물고 벌금형이 대부분이지만, 벌금도 형사 처벌의 일종이라는 점을 유념해야 합니다.

또한 모욕은 민사상 손해배상의 문제를 야기할 수도 있습니다. 채용 과정에서 있었던 일은 아니지만, 직장에서의 막말로 손해배상을 해야 했던 사례도 있습니다.

직장 상사 A는 미혼 여성인 B에게 "애기 낳은 적 있어? 아니 무슨 잔머리가 이렇게 많아. 애기 낳은 여자랑 똑같아." "어젯밤에 남자랑 뭐 했어? 목에 이게 뭐야?"와 같은 말을 했고, 법원은 A에게 500만 원의 손해배상을 하라고 판결했습니다.[6]

채용 취소는 명확한 이유가 있을 때에만

회사에서 일하고 있는 직원을 해고할 때에는 여러 가지 조심해

---

5   형법 제311조
6   〈"어젯밤에 남자랑 뭐 했어?" 직장 女상사가 막말했다면…〉,《법률신문》, 2015. 7. 9.

야 할 게 많다는 건 잘 알려진 사실입니다. 그런데 면접을 본 뒤 채용을 결정했다가 채용을 취소하는 건 가볍게 여기는 경향이 있습니다. 아직 정식으로 일을 시작하지 않았으니 채용을 없던 일로 해도 아무런 문제가 없다고 생각하는 것이죠. 하지만 채용을 함부로 취소했다가는 법적 분쟁에 휘말릴 수 있습니다.

일반적으로 직원을 뽑는 과정은 '공고→채용 절차→채용 결정→합격 통보→입사 및 실제 근무'의 과정을 거칩니다. 이때 법적인 근로계약(勤勞契約)이 성립하는 시점은 언제일까요? '입사 및 실제 근무'라고 답하기 쉽지만, 우리 법원은 합격을 통보하거나 채용이 내정되었다고 통지하는 행위를 한 시점에 근로계약이 성립한다고 봅니다.[7] 합격 통보 시점에 근로계약서를 쓰지 않더라도 마찬가지입니다. 합격 통보 시점부터 근로계약이 성립한다는 말은 이때부터는 단순한 구직자가 아닌 회사의 '근로자'라는 뜻입니다.

채용을 취소하는 건 근로자를 해고하는 일과 마찬가지이니 채용을 취소하려면 정당한 사유가 있어야 합니다. 물론 일하고 있는 직원을 자르는 일과 아직 일하지 않은 사람의 채용을 취소하는 게 완전히 같지는 않습니다. 그래서 해고보다는 채용 취소 사유를 비교적 넓게 인정하지만, 그렇더라도 채용을 취소할 때

---

7 대법원 2002. 12. 10. 선고 2000다25910 판결

는 사회적인 상식에 비춰 객관적으로 합리적인 이유가 있어야 합니다. 만약 합리적인 이유가 없는데도 채용을 취소하면 부당 해고에 해당할 뿐 아니라 손해배상도 해야 합니다.

어느 학교법인은 사무직원 채용 시험에서 한 사람을 최종합 격자로 결정하여 발령일자까지 알려줬습니다. 그런데 그 뒤 여 러 차례 발령을 지체하다 결국에는 채용을 취소했습니다. 이 사 안에서 법원은 최종합격자인 A씨가 채용되기를 기대하면서 다 른 취직의 기회를 포기하여 생긴 손해를 배상하라고 판결했습 니다.[8]

그렇다고 채용 취소가 무조건 부당해고이거나 손해배상을 해 야 하는 건 아닙니다. 구직자가 채용 결격자에 해당하거나 지원 자격을 갖추지 못한 경우, 채용의 근거가 되는 경력 사항을 허위 기재한 경우, 경력 기간 증명 서류를 제출하지 못한 경우처럼 구 직자의 사정으로 인한 채용 취소는 정당하다고 봅니다. 경영 악 화와 같은 회사 사정으로 인해 채용을 취소할 때는 해고와 비슷 한 법리가 적용됩니다. 채용 취소를 해야 할 긴박한 경영상 필요 가 있는지와 채용 취소를 하기 위한 노력을 했는지에 따라 결론 이 달라집니다.

회사 입장에서 채용 취소로 인한 법적 위험성을 낮추기 위해

---

8 대법원 1993. 9. 10. 선고 92다42897 판결

서는 합격 통보를 가급적 늦추는 방법이 있습니다. 또한 합격에 관한 사실을 구직자에게 알릴 때 '최종적인 합격 통보가 아니며 회사의 상황 등에 따라 입사가 되지 않을 수 있다'라는 사실을 미리 명확하게 알려야 합니다. 만약 채용을 취소해야 하는 상황이 되면 분명한 근거를 기재하여 구직자에게 문서로 통보하는 게 좋습니다.

김변의 정리 ⚖️

채용 공고를 할 때는 실제 근로조건과 동일하게 안내해야 하며, 채용할 생각도 없이 구직자의 아이디어를 얻거나 홍보 목적으로 채용 절차를 이용하면 안 됩니다. 물론 면접 시에도 언행을 조심해야 합니다. 구직자에게 불쾌감을 줄 수 있는 질문을 하지 않도록 면접관들을 미리 교육하고, 이에 대해 안내하는 게 좋습니다.

이수산 씨처럼 합격을 통보한 뒤 채용을 취소하는 건 해고와 유사하므로 명확한 채용 취소 사유가 있어야 합니다. 그렇지 않은 경우에는 구직자에게 손해배상을 해야 할 수 있음을 명심해야 합니다.

case 9

초과근무수당과
연차수당을 주지 않아도
되는 경우가 있다?

송갈등 씨는 어묵을 만들어서 파는 사업을 하고 있습니다. 송갈등 씨 회사가 만든 어묵은 다른 어묵에 비해 밀가루 함량이 낮고 어육 (생선살) 함량이 매우 높습니다. 어묵의 종류도 다양해서 기호에 맞게 즐길 수 있다는 장점이 있죠. 제품의 품질은 어디에 내놔도 뒤지지 않을 자신이 있었지만, 문제는 판매량이 기대에 미치지 못한다는 점입니다.

송갈등 씨는 고민 끝에 마케팅에 조금 더 노력을 기울이기로 했습니다. 영업사원을 대거 채용하여 어묵이 필요한 곳에 적극적으로 홍보 활동을 하게 했죠. 다행히 그 이후로 거래처가 늘고 덩달아 매출이 크게 상승했습니다.

그런데 얼마 지나지 않아 송갈등 씨는 영업사원들 때문에 걱정이 생겼습니다. 영업사원들이 업무 시간 이후에 일을 많이 했으니 초과근무수당을 달라고 요구한 겁니다. 송갈등 씨는 영업사원들과 근로계약을 체결할 때 연봉을 미리 정해두었는데, 초과근무수당까지 달라고 하니 큰 부담이 느껴집니다.

일과 쉼의 균형이 우선인 시대

오래전에 직장생활을 했던 한 직장인의 이야기를 들어볼까요?

"출근 시간은 9시지만 회사에는 8시에 도착했습니다. 퇴근도 마찬가지였어요. 공식적인 퇴근 시간은 6시였지만 그 시간에 퇴근을 하는 사람은 없었죠. 팀장님이 7시쯤 퇴근을 하면 그제야 짐을 챙기기 시작하는데 8시 전에 퇴근하면 그나마 빠른 편이고, 일이 많을 때는 야근도 밥 먹듯 했습니다. 툭하면 주말 출근이고 회사가 주관하는 야유회라도 열리면 휴일도 반납해야 했습니다."

하지만 지금은 많이 달라졌습니다. 개인의 일상보다 회사 업무를 우선시하던 시대는 지났고, 일과 삶의 균형을 추구하는 시대가 되었습니다. 구인구직 플랫폼업체가 MZ세대(1980년대

초~2000년대 초에 출생한 밀레니얼 세대와 1990년대 중반~2000년대 초반 출생한 Z세대)를 상대로 '회사에 원하는 것이 무엇인지'에 관한 조사를 했는데, 1위가 '워라벨 중시 및 보장 요구'였습니다.[1]

일을 잘하는 것만큼 잘 쉬는 것도 중요합니다. 그래서 「근로기준법」은 휴게시간(休憩時間)을 규정해놓고 있습니다. 근로시간이 4시간인 경우에는 30분 이상, 8시간인 경우에는 1시간 이상의 휴게시간을 주어야 합니다.[2] 휴게시간을 주지 않는 건 위법이라, 이를 위반하면 2년 이하의 징역 또는 2,000만 원 이하의 벌금에 처해질 수 있죠. 휴게시간은 근로자가 자유롭게 이용할 수 있는 시간인데, 일반적으로는 오후 12시부터 1시까지의 점심시간을 휴게시간으로 부여합니다.

휴게시간과 관련해서 주로 문제가 되는 건 대기시간입니다. 직종에 따라서는 대기하는 시간이 꽤 긴 경우가 있는데, 대표적인 사례가 매장 판매직입니다. 매장 판매직은 손님 응대를 주로 하기 때문에 손님이 없을 때에도 매장에서 손님을 기다려야 합니다. 이렇게 기다리는 시간을 근로시간으로 봐야 할지 휴게시간으로 봐야 할지 애매한 면이 있는데, 대체로 대기시간은 근로

---

1 〈"MZ세대는 워라벨 보장, 개인중시 등 이전 세대와 달라"〉, 《경향신문》, 2020. 8. 4.
2 근로기준법 제54조

시간이라고 봅니다. 대기시간에 직접적으로 일을 하지 않는 것 같아 보여도, 그 시간 동안에는 완전히 자유롭게 행동할 수 없고 회사의 지시가 있으면 곧바로 일을 해야 하기 때문입니다. 예외적으로 대기시간을 근로자가 마음대로 사용할 수 있다면 휴게시간으로 보는 경우도 있습니다.

초과근무에는 수당을 주는 것이 원칙

법이 정한 근로시간을 법정근로시간(法定勤勞時間)이라고 하는데, 법정근로시간은 휴게시간 제외하고 1일 8시간, 1주 40시간입니다. 법정근로시간보다 더 많은 시간을 일하면 연장근로수당(延長勤勞手當)을 줘야 하는데, 연장근로수당은 통상임금의 50% 이상입니다. 예를 들어 통상임금이 2만 원인 근로자가 10시간을 더 일했다면 본래의 임금에 30만 원(통상임금 2만 원+통상임금의 50% 1만 원=3만 원×10시간)의 연장근로수당을 더 줘야 하는 것이죠.

휴일근로를 하면 추가수당을 줘야 합니다. 휴일근로수당은 8시간 이내의 근로에 대해서는 통상임금의 50% 이상, 8시간을 초과하면 통상임금의 100% 이상을 줘야 합니다. 야간근로는 오후 10시부터 오전 6시 사이에 일하는 걸 말하는데, 야간근로수당 역시 통상임금의 50% 이상이어야 합니다.

연장근로, 휴일근로, 야간근로에 추가로 지급되는 수당의 기준은 통상임금입니다. 그렇다면 통상임금이란 뭘까요? 통상임금(通常賃金)은 근로자에게 정기적, 일률적, 고정적으로 지급되는 임금을 말합니다. 통상임금의 정확한 범위를 정하는 건 법적으로 논쟁이 많은 매우 까다로운 문제지만, 대체로 정기적으로 지급되는 상여금과 각종 수당은 통상임금에 포함된다고 보면 됩니다.

원칙적으로 연장근로, 휴일근로, 야간근로에 대해서는 추가수당을 지급해야 하지만 두 가지 예외가 있습니다. 첫 번째는 회사의 상시 근로자가 5인 미만인 경우이고, 두 번째는 포괄임금제를 도입한 경우인데, 포괄임금제에 대해 조금 더 자세하게 알아보겠습니다.

포괄임금제(包括賃金制)는 연장근로수당, 야간근로수당, 휴일근로수당 등을 이미 임금에 포함시켜 지급하는 제도입니다. 포괄임금제는 두 가지 방식이 있습니다. 기본급을 미리 정하지 않은 채 법정수당을 합한 금액을 월급으로 지급하는 방식(정액급제)과 기본급은 정하지만 근로시간 수에 상관없이 법정수당을 일정액으로 지급하는 방식(정액수당제)이 그것입니다. 하루에 24시간씩 격일 근무를 하고 월급을 200만 원으로 정하면 정액급제이고, 기본급 180만 원에 연장·휴일·야간근로수당을 합쳐서 40만원을 더해 220만원으로 정하면 정액수당제입니다.

포괄임금제(특히 정액수당제)를 도입하면 연장·휴일·야간근로수당을 별도로 지급할 필요가 없으니 회사 입장에서는 비용을 줄일 수 있어 이익입니다. 그에 반해 근로자는 소득이 줄어들어 불이익하죠. 그래서 법원은 포괄임금제를 도입하려면 일정한 요건을 갖춰야 한다고 봅니다.[3]

우선 실제 근로시간을 정확하게 산정하기 어려워 포괄임금제를 도입할 실질적 필요성이 있어야 합니다. 실제 근로시간 산정이 어려운 대표적인 사례가 감시적 근로(수위·경비원)와 단속적 근로(운전기사·기계수리공·전기수리공·보일러공)입니다. 다음으로 근로자와 통상임금 외에 추가로 특정한 수당을 지급하지 않기로 하는 합의가 있어야 합니다. 대체로는 근로계약서에 포괄임금제라는 사실을 명시하는데, 〈예시〉 문구를 참고하시기 바랍니다.

제X조(포괄임금)

① ○○회사가 홍길동(근로자)에게 매월 지급하는 포괄임금은 3,000,000원으로 정한다.

② 제1항의 포괄임금은 기본급 외에 연장근로수당, 야간근로수당, 휴일근로수당을 모두 포함한 금액이다.

---

3 대법원 2016. 10. 13. 선고 2016도1060 판결

연차수당을 주지 않아도 된다고?

직장인들이 새해가 되면 가장 먼저 하는 일은 휴일을 계산해보는 겁니다. 직장은 자아실현에 도움을 주지만 아무리 그렇더라도 출근보다는 휴식이 더 좋은 법이죠. 휴식은 「근로기준법」에 따라 보장되는 권리이기도 합니다.

1년간 80% 이상 출근한 근로자에게는 15일의 유급휴가를 줘야 하는데, 이걸 흔히 연차유급휴가(年次有給休暇), 줄여서 연차라고 부릅니다. 근로한 기간이 1년 미만인 근로자 또는 1년간 80% 미만 출근한 근로자에게 1개월 개근할 때마다 1일의 유급휴가를 줍니다. 한 직장에 오래 다니면 좋은 점 중의 하나는 연차가 점점 증가한다는 것이죠. 3년 이상 근속한 근로자에게는 근로 연수 매 2년에 대하여 연차를 1일씩 더 줘야 합니다. 그렇다고 연차가 무한히 늘어나는 건 아니고, 총 휴가 일수의 상한은 25일입니다. 그런데 상시 근로자가 5인 미만인 회사에는 연차유급휴가에 대한 근로기준법 규정이 적용되지 않습니다.

연차는 근로자의 권리이므로 근로자가 원하면 언제든 마음대로 쓸 수 있습니다. 하지만 실제로는 회사 눈치를 보느라 제대로 연차를 사용하지 못하는 근로자들이 많습니다. 연차를 못 쓰게 하는 건 근로기준법에 어긋날 뿐 아니라 '직장 내 괴롭힘'에 해당할 수도 있습니다. 물론 사업 운영에 막대한 지장을 초래하는 경우에는 다른 날짜에 연차를 쓰도록 할 수는 있습니다. 하지만 법원은 '경영에 막대한 지장을 초래하는 경우'를 매우 좁게 인정하고 있다는 사실을 잊지 말아야 합니다.

연차는 사용할 수 있는 기한이 정해져 있습니다. 연차 발생일로부터 1년 이내에 사용해야 하고, 그 기간 내에 사용하지 않으면 연차는 소멸합니다. 연차가 있지만 일이 많거나 바빠서 연차를 기한 내에 다 사용하지 못할 수도 있는데, 이런 경우에는 사용하지 못한 연차에 대한 **연차유급휴가수당**(年次有給休暇手當, 연차수당)을 줘야 합니다. 연차수당은 사용하지 못한 일수만큼 통상임금 또는 평균임금을 지급해야 합니다.

연차수당은 연차를 사용하지 못한 것에 대한 정당한 보상인데 근로자에게는 쏠쏠한 용돈이 되기도 합니다. 그래서 연차수당을 받으려고 일부러 연차를 쓰지 않는 근로자도 있죠. 달리 이야기하면 회사 입장에서 연차수당은 비용이라는 의미입니다. 연차수당 지급하지 않으려면 **연차유급휴가 사용촉진**(年次有給休暇使用促進)제도(연차사용촉진제도)를 활용할 수 있습니다. 연차사용촉진제도는 회사가 근로자에게 연차를 사용하도록 독려했는데도 근로자가 연차를 사용하지 않으면 연차수당을 주지 않아도 되는 제도입니다. 쉬라고 했는데도 근로자가 자발적으로 일을 했다면 따로 보상을 하지 않아도 된다는 뜻이죠.

그러나 연차사용촉진제도에 따라 연차수당을 지급하지 않으려면 몇 가지 지켜야 할 사항이 있습니다. 우선 직원들에게 사용

하지 않은 연차가 얼마나 남아 있는지 알리고, 연차 사용 시기를 알려줄 것을 촉구해야 합니다. 만약 근로자가 연차 사용 시기를 알려주지 않으면 회사가 연차 사용 시기를 임의로 정해서 근로자에게 알려줄 수 있습니다. 이때 유의할 점은 사용 촉진 및 연차 강제 지정의 방법입니다. 사용 촉진 및 연차 강제 지정은 '서면'으로 해야 하고 구두로 하면 안 됩니다.

그런데 만약 회사가 연차로 지정한 날에 근로자가 출근했다면 어떻게 해야 할까요? 노무수령 거부통지를 해야 합니다.[4] 노무수령 거부통지는 '회사는 일을 하지 말라고 했는데 근로자가 자발적으로 일을 한 것이다'라는 걸 보여주는 겁니다.

고용노동부의 행정 해석에 따를 때, 연차휴가일에 해당 근로자의 책상 위에 '노무수령 거부의사 통지서'를 올려놓거나 컴퓨터를 켜면 '노무수령 거부의사 통지' 화면이 나타나도록 하여 해당 근로자가 사용자의 노무수령 거부 의사를 인지할 수 있는 정도면 노무수령 거부 의사를 표시한 것으로 볼 수 있습니다.[5] 노무수령 거부 통지서의 예시는 다음과 같습니다.

---

4 대법원 2020. 2. 27. 선고 2019다279283 판결
5 고용노동부 근로기준과-351, 2010. 3. 22.

오늘은 ○○회사가 귀하의 연차휴가일로 지정한 날이므로 귀하는 금일 회사에 근로를 제공할 의무가 없고, ○○회사는 귀하의 노무수령을 거부하니 즉시 퇴근하시기 바랍니다.

본통지서를 수령하였음에도 불구하고 귀하가 퇴근하지 않고 계속 근로를 하는 경우 ○○회사는 근로기준법 제61조(연차유급휴가의 사용 촉진)에 따라 귀하가 연차휴가를 사용한 것으로 처리하고, 추후 연차휴가수당을 지급하지 않음을 알려드리오니, 이 점 유념하시기 바랍니다.

김변의 정리

근로시간이 8시간인 경우에는 1시간 이상의 휴게시간을 주어야 하는데, 일반적으로는 대기시간도 근로시간에 포함됩니다. 연장근로, 휴일근로, 야간근로에 대해서는 추가수당을 지급하는 게 원칙이지만, 포괄임금제를 도입하면 추가 수당을 주지 않아도 됩니다. 만약 송갈등 씨가 영업 사원들과 계약하면서 포괄임금제에 관한 사항을 계약서에 명시했다면 초과근무에 대한 수당은 주지 않아도 되지만, 초과근무에 대한 수당은 원칙이라는 점을 잊지 말아야 합니다.

근로자는 초과근무에 대한 초과수당뿐 아니라 연차휴가를 사용할 권리를 가집니다. 근로자가 연차휴가를 사용하지 않으면 연차수당을 줘야 하지만, 예외적으로 연차사용촉진제도를 이용하면 연차수당을 지급하지 않아도 됩니다.

case 10

직장 내 성희롱 요건,
이것을 기억하라

인테리어 자재 납품 회사를 운영하고 있는 이억울 사장은 고문제 팀장 때문에 골머리를 앓고 있습니다. 고문제 팀장은 일을 매우 잘하는 유능한 팀장이고 실적도 좋습니다. 그런데 언행이 단정하지 못한 게 문제입니다. 특히 직원들에게 성적인 농담을 자주 해서 직원들이 불편함을 호소하는 일이 종종 발생합니다. 최근 회식 때에는 한껏 술에 취한 상태에서 신입 직원에게 다음과 같은 말을 하기도 했습니다.

"남자친구랑 사귄 지 한 달 넘었다고? 한창 좋을 때네. 진도 어디까지 나갔어?"

"술은 원래 예쁜 여자가 따라야 제 맛이지. 자기가 상무님께 술 좀 따라드려."

"자기는 우리팀의 꽃이야. 얼굴도 예쁘고 몸매도 좋고."

참다못한 신입사원들은 고문제 팀장의 언행에 대해 정식으로 문제를 제기했습니다. 그러자 고문제 팀장은 억울하다며 항변했습니다.

"전 그저 분위기를 좋게 만들기 위해서 몇 번 농담을 한 것뿐입니다. 나쁜 의도는 전혀 없었어요."

이억울 사장은 이 문제를 어떻게 처리해야 할까요?

절대 일어나면 안 되는 성범죄

2021년 5월에 발생한 공군 이 중사 사망 사건은 많은 사람의 가슴을 아프게 했습니다. 부부의 날인 5월 21일 공군 동료인 남편과 혼인신고를 한 그녀는 다음 날 스스로 목숨을 끊었습니다. 이 중사가 극단적 선택을 한 배경에는 직장 동료의 강제추행과 조직적인 은폐 그리고 2차 가해가 있었습니다. 가해자를 비롯한 부대원들의 회유와 협박이 지속되었고, 이 중사는 아무런 보호도 받지 못한 채 극심한 고통과 좌절감 속에서 극단의 선택까지 하고 말았습니다.

이 중사 사건은 우리 사회에 성범죄가 얼마나 광범위하게 퍼져 있는지, 특히 직장 내에서 지위를 이용한 가해가 얼마나 많이 자행되고 있으며, 사건이 벌어지고 난 뒤의 피해자 보호조치나 가해자에 대한 철저한 수사와 처벌이 얼마나 허술한지 여실히 보여주는 사건이었습니다.

강제추행이나 강간 같은 성폭력범죄가 처벌 대상이라는 건 너무나 분명한 사실입니다. 성폭력뿐 아니라 성희롱도 직장 내에서 절대 일어나서는 안 되는 일입니다. 따라서 사업주는 회사 내에서 절대로 성범죄가 일어나지 않도록 강력한 규율과 처벌체계를 갖추어놓아야 합니다. 그것이 회사의 중요한 원칙이자 가치가 되어야 합니다.

「남녀고용평등과 일·가정 양립 지원에 관한 법률」(약칭: 남녀고용평등법)은 직장 내 성희롱(性戲弄)을 엄격하게 금지하고 있습니다.[1] 직장 내 성희롱은 직장 내의 지위를 이용하거나 업무와 관련하여 다른 근로자에게 성적 굴욕감이나 혐오감을 느끼게 하는 행동을 말합니다. 성적인 언행 또는 그 밖의 요구 등에 따르지 않았다는 이유로 근로조건 및 고용에서 불이익을 주는 것 역시 직장 내 성희롱에 해당한다는 사실에 유의해야 합니다.

성희롱은 크게 육체적 성희롱, 언어적 성희롱, 시각적 성희롱으로 구분되는데, 고용노동부가 제시하고 있는 각 유형별 행위 예시는 다음과 같습니다.

---

1 남녀고용평등법 제12조

구분	행위 예시
육체적 성희롱	안마를 해달라고 강요하는 행위, 업무 과정에서 격려를 한다는 핑계로 머리나 등을 쓰다듬거나 엉덩이를 툭툭 치는 행위, 손금을 봐준다면서 손을 끌어당겨 손을 주물럭거리거나 손깍지를 끼는 행위
언어적 성희롱	음란한 농담을 하거나 음탕하고 상스러운 이야기를 하는 행위(전화, 문자, SNS, 메신저, 이메일 등 포함), 성적인 사실관계를 묻거나 성적인 내용의 정보를 퍼뜨리는 행위, 회식자리 등에서 무리하게 옆에 앉혀 술을 따르도록 강요하는 행위
시각적 성희롱	음란한 사진·그림·낙서·출판물 등을 게시하거나 보여주는 행위(전화, 문자, SNS, 팩스 등을 이용하는 경우 포함), 자신의 특정 신체 부위를 고의적으로 노출하거나 만지는 행위, 상대방의 특정 신체 부위를 음란한 시선으로 쳐다보는 행위

직장 내에서 성희롱이 잘 사라지지 않는 이유는 성희롱이 친밀감의 표시나 농담으로 포장되기 때문입니다. 성희롱 사건이 발생하면 가해자는 하나같이 '성희롱을 할 의도가 없었다'라는 말을 하죠. 하지만 성희롱에서는 가해자가 어떤 의도를 가졌느냐보다는 피해자가 어떻게 받아들이느냐가 훨씬 중요합니다. 설령 가해자가 성희롱 의도를 가지고 있지 않았더라도 피해자가 성희롱으로 여긴다면 성희롱인 겁니다.

피해자가 명시적으로 거부 의사를 밝히거나 싫은 내색을 하지 않는다고 성희롱이 용납되는 건 아닙니다. 직장이라는 환경의 특성상 하급자가 상급자에게 자신의 감정을 솔직히 드러내지 못할 때가 많으니까요. 이런 점을 고려하여 법원은 성희롱 여부를 판단할 때 성인지 감수성을 잃지 않아야 한다는 점을 강조하는데, 이는 피해자가 처한 특수한 사정을 고려한다는 뜻입니다.[2]

직장 내 성희롱은 가해자가 남성, 피해자가 여성인 경우가 많지만 항상 그렇지는 않습니다. 남성과 여성 모두 직장 내 성희롱 행위자나 직장 내 성희롱 피해자가 될 수 있으며, 동성 간의 행위도 직장 내 성희롱이 될 수 있습니다. 실제로 의류제조·판매 회사의 한 여성은 남성 직원에게 "○○는 덩치가 있어서 좋다." "영계 같아서 좋다." "○○는 내 꺼야"라는 등의 말을 하면서 남성 직원의 옆구리를 만지기도 했는데, 법원은 이 여성의 행동을 직장 내 성희롱이라고 판단했습니다.[3]

성희롱 사건이 벌어진다면

회사에서 성희롱 사건이 발생하면 어떻게 해야 할까요? 먼저 사실관계를 확인하는 조사 절차를 거쳐야 합니다. 이때 피해자가 성적 수치심을 느끼지 않도록 해야 하고, 2차 가해가 일어나지 않도록 유의하는 게 중요합니다. 성희롱 사건의 피해자를 조사할 때 부적절한 질문을 하거나 부적절한 태도를 보이는 행위, 성희

---

2 대법원 2018. 4. 12. 선고 2017두74702 판결
3 서울지방법원동부지원 2002. 5. 3. 선고 2001가합6471 판결

롱 사건이 접수된 사실이나 조사 내용을 유포하는 행위, 가해자를 옹호하고 피해자를 비난하는 행위 등은 대표적인 2차 가해 사례입니다.

사건을 조사하는 동안에는 근무 장소를 변경하거나 유급 휴가를 부여해서 피해자를 보호하는 조치를 취해야 합니다. 그런데 이와 같은 보호조치가 피해자의 뜻에 반해서 이뤄져서는 안 되므로 조치를 취하기 전에 피해자의 의사를 물어봐야 합니다.

조사 결과 성희롱이 있었던 것으로 확인되면 가해자에게 징계, 근무 장소 변경 등 필요한 조치를 해야 합니다. 만약 이를 위반하면 500만 원 이하의 과태료가 부과될 수 있습니다. 가해자에게 어떤 조치를 취할지 결정하기 전에 피해자의 의견을 듣는 게 좋습니다. 피해자의 의견을 무조건 수용해야 하는 건 아니지만, 합당한 의견이라면 가급적 의견을 반영하는 게 바람직합니다.

성희롱 사건은 성폭력 사건에 비해 상대적으로 경미하다고 인식되어 합의로 종결되는 경우가 많습니다. 가해자가 진지하게 사과하고 피해자가 수긍해서 용서하는 형태의 합의는 바람직한 해결 방법이라고 볼 수 있지만, 피해자에게 합의를 종용하는 것은 2차 가해의 일종이라는 점을 유념해야 하고, 피해자 의사에 반해서 회사가 적극적으로 합의에 개입하는 건 조심해야 합니다.

또한 성희롱 사건을 신고한 피해자에게 불리한 처우를 하는 건 엄격하게 금지됩니다. 만약 이를 위반하면 3년 이하의 징역 또는 3,000만 원 이하의 벌금에 처해집니다.[4] 단순한 과태료가 아니라 형사 처벌이 이뤄질 수 있으니 각별히 조심해야 합니다. 피해자에 대한 불리한 조치에는 파면, 해고, 징계, 정직, 감봉, 강등, 승진 제한 등 부당한 인사조치뿐 아니라 직무 미부여, 성과급 차별, 교육 기회 제한, 집단 따돌림을 방치하는 행위 등도 포함됩니다.

피해자에게 불리한 조치를 하면 형사상 처벌의 가능성이 있을 뿐 아니라 민사상 손해배상책임도 부담하는데, 실제로도 이런 사례는 비일비재합니다. 다음 사건을 한번 볼까요?

A(39·여)씨는 자동차 회사에 근무했는데 소속 팀장으로부터 1년여의 기간 동안 지속적인 성희롱에 시달렸고 스트레스가 누적돼 응급실 진료와 심리상담을 받기도 했습니다. A씨는 고민 끝에 회사에 성희롱 사실을 알렸으나 별다른 조치가 없자 팀원들에게 공개적으로 성희롱 사실을 밝히고 직장 내 성희롱 상담실에 팀장을 신고했습니다. 그런데 회사는 오히려 A씨를 견책 처분한 데다 A씨를 도와준 다른 직원까지 정직 처분했습니다. 그러자 A씨는 회사를 상대로 손해배상 청구소송을 제기했고, 법원은 회사의 손해배상 책임을 인정했습니다.[5]

---

4 남녀고용평등법 제37조 제2항 제2호
5 대법원 2017. 12. 22. 선고 2016다202947 판결
6 남녀고용평등법 제39조 제1항 1의2

성희롱 문제가 생겼을 때 해결하는 것도 중요하지만 그보다는 아예 문제가 생기지 않도록 예방하는 게 최선입니다. 사실 성희롱 예방은 남녀고용평등법상 의무이기도 합니다. 회사를 운영하는 사업주는 직장 내 성희롱 예방을 위한 교육을 매년 실시해야 하고, 만약 교육을 실시하지 않으면 500만 원 이하의 과태료가 부과될 수 있습니다.[6] 회사가 직접 교육을 실시할 수도 있지만, 여력이 없으면 고용노동부가 지정한 성희롱 예방 교육기관에 위탁하여 교육을 실시해도 됩니다.

킴변의 정리

직장 동료와 친밀하게 지내는 건 좋지만 성적인 부분과 관련해서 선을 넘는 언행은 직장 내 성희롱이 될 수 있습니다. 피해자가 명시적으로 거부 의사를 밝히지 않는다고 성희롱이 용납되는 건 아닙니다. 또한 같은 성별 사이에서도 성희롱은 일어날 수 있습니다.

성희롱 사건이 발생하면 우선 사실관계를 확인해야 하는데, 피해자에 대한 2차 가해가 발생하지 않도록 유의해야 합니다. 성희롱이 사실로 확인되면 가해자에 대한 책임 추궁과 피해자에 대한 보호조치가 이뤄져야 하며, 피해자에게 불리한 조치를 해서는 안 됩니다. 그러니 이난감 사장은 고문제 팀장의 평소 행실과 평판을 면밀히 조사하고 피해자를 철저히 보호하면서 분명하고 명확하게 사건을 처리해야 합니다.

case 11
불성실하고 무능한 직원을
해고하고 싶다면

사례

세탁기 부품 공장을 운영하는 김깔끔 사장은 왕한심 과장을 볼 때
마다 한숨이 나옵니다. 입사한 지 10년이 넘었는데도 아직 일 처리
가 많이 미숙하기 때문이죠. 왕한심 과장이 작업한 공정에서는 불
량품이 자주 나와서 납품회사의 항의를 받은 일도 여러 번이고 손
해배상을 한 적도 있습니다.

더 큰 문제는 왕한심 과장의 태도입니다. 일을 하다 보면 실수할 수
있고 업무성과가 낮을 수도 있지만, 왕한심 과장은 개선하려는 의
지가 전혀 없습니다.

"왕한심 과장, 이렇게 일을 하면 곤란합니다. 회사로서도 막대한 손해를 입고 있어요. 앞으로 업무에 신경 써주기 바랍니다."

이렇게 주의를 주어도 듣는 둥 마는 둥입니다. 업무 태도 또한 좋아지지 않습니다. 이제는 다른 직원들까지 왕한심 과장과 같이 일하는 걸 꺼립니다.

"왕 과장님은 정확한 업무 지시도, 업무 지도도 전혀 하지 않습니다. 그러니 좌충우돌하는 경우도 많고, 일을 비효율적으로 한다는 생각이 들어요."

그러다 보니 왕한심 과장의 인사평가는 늘 바닥입니다. 그런데도 왕한심 과장은 개의치 않습니다. 계속 회사를 다니면서 월급만 받으면 된다고 생각하는 왕한심 과장은 "내가 정규직인데 설마 자르기야 하겠어?"라는 말까지 하고 다닙니다. 더 이상 참기 힘든 김깔끔 사장은 왕한심 과장을 해고하고 싶은데, 함부로 해고했다가 법적인 분쟁에 휘말릴까 봐 걱정스럽습니다.

해고할 때 지켜야 하는 절차

살면서 스트레스를 안 받고 살 수는 없습니다. 워싱턴의과대학의 토머스 홈스(Thomas Holmes) 박사팀은 개인이 받는 스트레스를 객관적으로 평가하기 위해 '스트레스 측정 정도(Holmes and Rahe stress scale)'를 개발했습니다. 홈스 박사팀의 연구 결과에 따르면, 직장에서의 해고는 스트레스 정도에서 8위를 차지했습니다.

굳이 미국 학자의 연구 결과를 인용하지 않더라도 회사에서 잘리는 일이 얼마나 고통스러운 일인지는 쉽게 짐작할 수 있습니다. 해고당하면 당장 생계가 막막해지고 자존감에 큰 상처를 입기도 합니다. 이처럼 해고가 근로자에게 미치는 영향이 매우 큰 점을 고려해서 「근로기준법」은 해고에 관해 엄격하게 규정하고 있습니다.

우선 직원을 해고하려면 지켜야 하는 절차가 있음을 유념해야 합니다. '절차 조금 어겼다고 무슨 큰 문제가 있겠어?'라고 가볍게 생각해서는 안 됩니다. 절차에 문제가 있으면 설령 해고 사유가 충분하더라도 절차상 문제로 해고 자체가 무효가 될 수 있기 때문입니다.

직원을 해고할 때 지켜야 하는 절차는 첫째, 해고예고(解雇豫告)입니다. 해고를 할 예정이라는 사실을 적어도 30일 전에는 미리 알려야 합니다.[1] 30일 전에 예고하지 않으면 30일분 이상의 통상임금을 지급해야 합니다. 해고를 미리 알리게 규정한 이유는 갑자기 회사에 나오지 말라고 하면 근로자가 경제적 어려움에 처할 수 있고 최소한의 준비할 시간을 주기 위해서입니다. 예외적으로 해고를 미리 알리지 않아도 되는 때가 있기는 합니

---

1   근로기준법 제26조

다. 납품업체로부터 금품이나 향응을 제공받고 불량품을 납품받아 생산에 차질을 가져온 경우, 사업장의 기물을 고의로 파손하여 생산에 막대한 지장을 가져온 경우 등에는 해고예고가 필요 없습니다.[2]

둘째, 서면통지(書面通知)입니다. 해고하는 이유와 해고 시기를 적은 서면을 근로자에게 주어야 합니다.[3] 만약 서면이 아니라 구두로 해고를 통지하면 그 해고는 무효인데, 이 또한 근로자를 보호하기 위한 장치입니다. 아무래도 서면보다는 말이 훨씬 쉽습니다. 그래서 구두통지를 인정하면 순간적인 감정으로 "당장 회사에서 나가!"라고 하는 경우가 생길 수 있습니다. 그런데 서면으로 해고 이유를 기재하려면 직원의 어떤 점이 문제인지 정리해야 하므로 그 사이에 흥분된 마음을 가라앉히고 차분하게 생각할 가능성이 높아지죠.

그렇다면 문자메시지나 SNS 혹은 이메일로 해고를 통지하는 건 괜찮을까요? 우리 법원은 대체로 종이로 된 문서를 서면으로 보고 있습니다. 그래서 문자메시지나 SNS로 해고를 통지하는 건 허용되지 않습니다. 이메일의 경우는 단정적으로 말하기는 어려운데, 이메일로 해고통지가 가능하다고 본 사례가 있기는

---

2 근로기준법 시행규칙 제4조
3 근로기준법 제27조

하지만,[4] 여러 가지 조건을 갖춘 경우에만 예외적으로 허용된다는 취지이니 항상 가능하다고 일반화하기는 어렵습니다. 불필요한 분쟁을 예방하려면 조금 귀찮더라도 종이로 된 문서로 해고통지를 하는 게 낫습니다.

해고에도 이유가 필요하다

직원을 해고하려면 절차적 요건과 실질적 요건을 모두 갖추어야 합니다. 앞서 살펴본 해고예고와 서면통지가 절차적 요건이라면, 실질적 요건은 해고의 사유를 말합니다. 「근로기준법」은 "정당한 이유" 없이 근로자를 해고할 수 없다고 규정하고 있습니다.[5]

그렇다면 정당한 이유란 무엇일까요? 정당한 이유가 무엇인지는 해고의 종류에 따라 다릅니다. 해고는 '징계해고(懲戒解雇)'와 '경영상의 이유에 의한 해고'(이하 '경영상 해고')로 분류하는데, '징계해고'는 해고의 이유가 근로자에게 있는 것이고 '경영상 해고'는 회사의 사정으로 해고하는 경우입니다.

징계해고는 근로자가 잘못을 저질러서 해고를 하는 것입니

---

4 대법원 2015. 9. 10. 선고 2015두41401 판결
5 근로기준법 제23조

다. 징계해고를 하는 대표적인 이유로는 ①무단결근, ②정당한 인사명령·업무명령 위반, ③이력서 허위 기재, ④횡령·배임 등 회사에 손해를 끼치는 행위, ⑤업무 과정에서의 폭언·폭행 등이 있습니다.

경영상 해고는 회사 형편이 어려워져서 해고를 하는 것입니다. 징계해고에 비해 경영상 해고를 둘러싸고는 논란이 매우 큽니다. 근로자 한 명 한 명이 회사의 경영에 큰 영향을 미치기는 어렵고, 회사의 어려움은 경영진의 경영능력이나 업계 전반의 불황에 영향을 받는 때가 많은데, 회사 사정으로 근로자들이 대거 해고되기 때문이죠.

근로자 입장에서는 억울하다고 생각할 수 있습니다. 경영상의 잘못을 근로자가 다 짊어져야 하니까요. 그래도 회사가 망하지 않으려면 구조조정이 불가피할 때도 있습니다. 그래서 우리 법은 회사를 살리기 위해 경영상 해고를 인정하면서도 근로자들의 억울한 해고를 최소화하기 위해서 경영상 해고할 수 있는 경우를 엄격하게 제한하고 있습니다.

경영상 해고를 하려면 우선 긴박한 경영상의 필요가 있어야 합니다. 긴박한 경영상의 필요는 장래에 올 수도 있는 위기에 미리 대처하기 위해 인원 삭감이 필요한 경우를 말하는데,[6] 일

6　대법원 2015. 5. 28. 선고 2012두25873 판결

시적인 경영상의 어려움이 아니라 꽤 오랜 기간 동안 어려움을 겪어야 합니다. 해고를 막기 위한 노력도 충분히 해야 합니다. 노력을 했음에도 해고할 수밖에 없는 상황이라면 합리적이고 공정한 해고 기준을 정하고, 이에 따라 그 대상자를 선정해야 합니다.

일 못하는 직원을 해고하려면

해고를 하려면 정당한 사유가 있어야 한다고 했는데, 여기까지 읽고 나면 이런 생각이 들 수 있습니다.

'아무리 일을 못하더라도 징계할 정도로 큰 잘못을 저지르지 않았고, 회사에 경영상의 어려움도 없다면 해고를 할 수 없는게 아닐까?'

타당한 의문이기는 하지만, 답변은 '아니오'입니다. 근로자의 업무 성과가 매우 미흡한 경우에도 해고를 할 수 있습니다. 회사는 친목 모임과 달리 일을 해서 성과를 내야 하는 조직이기 때문에 일을 못하는 직원을 계속 고용하기는 어렵습니다. 그렇다고 아무 때나 해고를 할 수 있는 건 아닙니다. 저성과자를 해고할 때 법적인 분쟁을 예방하려면 다음 사항에 유의해야 합니다.[7]

---

7   대법원 2021. 2. 25. 선고 2018다253680 판결

첫째, 취업규칙에 해고 조항 규정을 미리 마련해두는 게 좋습니다. 취업규칙(就業規則)은 근로계약 관계에 적용되는 근로조건이나 복무규율 등에 대하여 회사가 정한 뒤에 근로자들에게 공통적으로 적용하는 규칙을 말합니다. 일반적으로 취업규칙에는 복리후생뿐 아니라 징계 및 해고에 관한 내용도 포함되는데, "근무성적 또는 능력이 현저하게 불량하여 직무를 수행할 수 없다고 인정되었을 때"도 해고사유로 명시해둘 필요가 있습니다. 그래야 근로자들도 성과가 아주 낮으면 잘릴 수도 있다는 걸 알게 될 테니까요.

둘째, 저성과자에 대한 인사평가는 공정하고 객관적이어야 합니다. 근로자의 성과는 결국 인사평가와 직결될 수밖에 없습니다. 인사평가는 사람이 하는 것이라 주관적인 측면이 개입될 여지가 강하지만, 그렇다고 방법이 없지는 않습니다. 인사평가의 기준이나 항목을 소속 근로자들에게 미리 공개하고 인사평가에 대한 이의제기 절차를 두면 공정성을 높일 수 있습니다. 그리고 한 사람이 평가하는 방식이 아니라 여러 명이 평가하는 다면평가 방식을 채택하면 객관성을 향상시킬 수 있습니다. 상대평가 방식을 적용하면 누군가는 낮은 평가를 받게 마련인데, 이로 인한 불합리성을 보완하려면 인사평가자에게 최저 등급을 부여하지 않을 수 있는 재량을 부여하는 게 좋습니다.

셋째, 업무능력을 개선할 수 있는 기회를 주어야 합니다. 근로자의 성과가 낮은 이유는 그 업무가 맞지 않기 때문일 수도 있습니다. 직무 교육을 하거나 다른 직무로 변경해줌으로써 근로자에게 한 번 더 기회를 주는 게 바람직합니다. 근로자에게 이런 기회를 줬음에도 근로자의 업무능력이 여전히 매우 낮다면 회사도 근로자를 해고할 충분한 명분이 생깁니다.

김변의 정리

김깔끔 사장은 왕한심 과장 때문에 고민이 많습니다. 해고는 하고 싶은데 함부로 해고했다가 문제가 생길까 봐 걱정하고 있죠. 김깔끔 사장의 고민처럼 해고는 아무 때나 할 수 없습니다. 실질적 요건과 절차적 요건을 모두 갖춘 경우에만 가능합니다. 근로자가 큰 잘못을 저지르거나(징계해고) 회사가 경영상 큰 어려움을 겪고 있어야(경영상 해고) 해고의 정당성이 인정됩니다.

절차 또한 매우 중요합니다. 해고할 때는 해고 사유와 시기를 서면으로 미리 알려야 합니다. 성과가 낮은 직원을 해고하는 것도 가능하지만, 유의해야 할 사항이 있습니다. 해고하기 전에 해고 사유를 미리 취업규칙에 마련해두고, 공정하고 객관적인 인사평가를 한 뒤 저성과자에게는 개선의 기회를 주는 게 좋습니다.

case 12

직원이 경쟁사로
취업했을 때는 이렇게

사례

이기술 씨는 바이오 관련 중소기업인 밀얀바이오를 운영하고 있습니다. 바이오 업종의 성패를 가르는 건 기술력이라서 회사 창업 때부터 지금까지 연구 개발에 투자를 아끼지 않았습니다. 우수한 연구원을 영입하려 노력했고, 그들이 연구에 매진할 수 있는 환경을 조성했습니다. 이렇듯 기술력을 높이기 위해 애쓴 덕분에 밀얀바이오 회사 제품은 시장에서 좋은 평가를 받기 시작했고 시장점유율도 증가 추세에 접어들었습니다.

회사가 본격적으로 성장가도를 달리려던 무렵, 연구부서의 전이직 차장이 이기술 씨를 찾아와 퇴사를 하겠다고 말했습니다. 전이직 차장은 연구부서의 핵심 인력이라 이기술 씨는 그의 퇴사를 막기 위해 그를 열심히 설득했습니다. 처우를 향상시켜주겠다는 약속도 했죠. 하지만 전이직 차장의 뜻이 워낙 확고해서 설득에 실패했고, 결국 그는 회사를 떠났습니다.

그런데 최근 이기술 씨는 놀라운 소식을 들었습니다. 전이직 차장이 밀얀바이오를 퇴사하자마자 입사한 곳이 바로 밀얀바이오의 경쟁사였다는 소식이었습니다. 그 소식을 듣자, 이기술 씨에겐 큰 걱정이 생겼습니다.

'우리 회사의 기술이 경쟁사로 넘어가면 어떡하지?'

밀얀바이오는 그동안 긴 시간을 들여 기술력을 쌓아왔는데, 경쟁사가 전이직 차장을 통해 그 기술을 확보한다면 밀얀바이오는 분명히 큰 타격을 입을 거라는 게 이기술 씨의 판단입니다. 이제 이기술 씨는 어떻게 해야 할까요?

직업의 자유 vs 회사의 이익

환경의 중요성이 점점 커져가면서 전기차에 대한 수요도 급격하게 증가하고 있습니다. 전기차에서 핵심적인 역할을 하는 건 배터리이고, 배터리 산업은 앞으로 발전가능성이 가장 높은 분야로 꼽히고 있습니다. 그런데 얼마 전 한국의 대표적인 배터리 업체인 LG화학(LG에너지솔루션)과 SK이노베이션이 세기의 소송을 벌였습니다.

발단은 LG화학 직원들의 대규모 이직이었습니다. 2017년에서 2019년 사이에 LG화학 직원 100여 명이 SK이노베이션으로 옮겼는데, LG는 배터리 사업을 늦게 시작한 SK가 기술적 열세를 만회하기 위해 직원들을 노골적으로 빼갔다고 주장했습니다. 그 과정에서 핵심적인 영업비밀까지 유출시켰다는 것이죠. SK는 정상적인 경력직 채용이었을 뿐 영업비밀 유출과는 무관하다고 맞섰습니다.

두 회사는 미국에서 2년간 치열하게 법적 공방을 펼쳤는데, 미국국제무역위원회(ITC)는 LG의 손을 들어주었습니다. SK가 영업비밀을 침해한 걸 인정하면서 SK에 미국 내 수입금지 10년 조치를 결정한 겁니다. 결국 SK가 LG에 2조 원 상당의 거액을 지급하기로 합의하면서 두 회사의 분쟁은 마무리되었습니다.

인력 유출을 둘러싼 갈등은 비단 LG와 SK 사이의 문제만은 아닙니다. 이미 많은 회사가 인력 유출 문제로 골머리를 앓고 있죠. 막대한 비용을 투자해서 직원들의 업무능력을 향상시켜 놓았고, 이제 본격적으로 능력을 발휘한다 싶을 때 퇴사를 해버리니 회사 입장에서는 불만이 많을 수밖에 있습니다. 특히 다른 회사도 아니고 경쟁사로 이직하는 걸 보면 속이 쓰릴 수밖에 없습니다. 당장 매출이나 영업이익에 타격을 줄 수도 있으니까요.

하지만 직원들의 이직은 원칙적으로 그들의 자유입니다. 직업

의 자유는 헌법이 보장하고 있는 기본권이기도 한데, 물론 직업의 자유에는 직업을 마음대로 바꿀 자유도 포함됩니다. "들어올 때는 마음대로이지만 나갈 때는 아니다"라는 말이 있지만, 회사는 그 반대로 '들어올 때는 마음대로가 아니지만 나갈 때는 마음대로인 곳'입니다.

근로자가 직업의 자유를 가지는 것은 맞지만 그렇다고 회사가 직원들의 이런 행동을 속수무책으로 구경만 해야 하는 건 아닙니다. 가장 간단한 방법은 근로자와 전직금지약정(轉職禁止約定)을 맺는 것입니다. 전직금지약정은 퇴직한 뒤에 다른 회사(특히 경쟁사)로 이직하는 걸 금지하는 약속을 말하는데, 경업금지약정(競業禁止約定)이라고 부르기도 합니다. 일반적으로 사용되는 전직금지약정의 문구는 다음과 같습니다.

> 홍길동은 ○○상사의 퇴직일로부터 향후 ○년간 ○○상사와 경쟁관계에 있거나 동종 또는 유사한 사업을 영위하는 회사 또는 사업체에 취업하지 않는다. 이를 위반할 경우, 홍길동은 ○○상사에 금 ○○○원을 배상한다.

별도로 '전직금지약정서'를 체결하는 경우도 있지만, 새로운 계약서를 따로 만들지 않고 근로계약서에 이 내용을 추가해서 기재하는 게 일반적입니다. 퇴직할 무렵에 전직금지약정을 하려고 하면 근로자가 거부할 가능성도 있으니, 회사로선 입사 무렵에 미리 받아두는 게 유리합니다.

전직금지약정만 체결하면 끝?

약속은 지켜야 하고, 전직금지약정을 체결한 근로자는 경쟁회사로 이직하지 않아야 하는 게 원칙입니다. 그렇다면 전직금지약정만 체결해두면 인력 유출은 전혀 걱정하지 않아도 될까요? 그렇지는 않습니다. '약속을 지켜야 한다'라는 원칙에도 예외가 있기 마련입니다.

아무리 두 사람이 약속을 했더라도 그 약속이 한쪽에 지나치게 불공정하거나 사회의 건전한 질서에 반하면 그 약속은 효력이 없습니다. 예를 들어 심청이 공양미 300석을 받고 인당수에 빠지기로 약속했더라도 그 약속은 지키지 않아도 되는데, 목숨을 바친다는 약속 자체가 사회의 건전한 질서에 위배되기 때문입니다.

전직금지약정도 마찬가지입니다. 전직금지약정은 근로자의 직업 선택의 자유를 제한하는 것인데, 그 약속이 지나치게 불리하다면 그 약속을 지키라고 강요하는 건 가혹한 일입니다. 예를 들어 중식당의 주방장이 중식당 사장과 '퇴직 이후 20년간 다른 중식당에는 취업하지 못한다'라는 전직금지약정을 체결한 경우를 생각해보겠습니다. 대부분의 근로자에게 잘하는 분야가 정해져 있듯이, 중식당 주방장은 중국 음식을 만드는 게 특기인데 다른 중식당에 20년간 취업을 하지 못하게 만드는 건 주방장에게 너무 불합리한 일이죠.

즉 전직금지약정은 어떤 경우에는 유효해서 지켜야 하고, 어떤 경우에는 효력이 없어서 지키지 않아도 됩니다. 이때 중요한 건 그 내용이 유효한지 아닌지 가리는 기준입니다. 법원이 세운 판단 기준은 이렇습니다.[1]

- 보호할 가치 있는 사용자의 이익이 있는가?
- 근로자의 퇴직 전 지위는 무엇이었나?
- 경업 제한의 기간·지역 및 대상 직종은 어떻게 되는가?
- 전직금지약정의 대가로 근로자에게 대가를 제공했는가?
- 근로자가 퇴직을 한 경위는 무엇인가?

법원은 여러 요소를 종합적으로 고려하지만, 그중에서도 핵심적인 건 "전직금지약정이 영업비밀을 보호하기 위한 목적의 범위 안에 있는가?"입니다. 영업비밀(營業祕密)을 보호해야 할 필요성이 있는 경우에는 전직금지약정이 유효하다고 보지만, 그렇지

---

1 대법원 2010. 3. 11. 선고 2009다82244 판결

않은 경우에는 전직금지약정이 무효라고 판단하는 것이죠.

법률상 영업비밀은 "공공연히 알려져 있지 아니하고 독립된 경제적 가치를 가지는 것으로서, 비밀로 관리된 생산방법, 판매방법, 그 밖에 영업활동에 유용한 기술상 또는 경영상의 정보"[2]를 말하는데, 자세한 건 3장 '기업의 생명줄인 영업비밀이 침해당했다면'에서 상세하게 살펴보겠습니다.

인력유출 시 대응법

보호해야 할 영업비밀이 있어 전직금지약정을 체결했음에도 근로자가 그 약정을 어기고 경쟁사로 취업한 경우에는 법적인 대응 수단을 사용할 수 있습니다.

먼저 근로자가 회사를 옮기는 걸 막아달라고 법원에 신청할 수 있는데, 이걸 전직금지가처분(轉職禁止假處分)이라고 합니다. 전직금지가처분의 결정은 보통 아래와 같은 방식으로 내려집니다.[3]

---

2 부정경쟁방지 및 영업비밀보호에 관한 법률 제2조 제2호
3 수원지방법원 2018. 7. 3. 자 2018카합10106 결정

1. 홍길동(근로자)은 ○○○○. ○○. ○○.까지 ○○상사(회사) 및 그
   영업소, 지점, 연구소, 사업장 또는 그 계열사에 고용되어 근무하거
   나 ○○업무에 종사하여서는 아니된다.
2. 홍길동이 제1항 기재 명령을 위반한 경우 홍길동은 ○○상사에게
   위반행위 1일당 10,000,000원씩을 지급하라.

법원이 전직금지가처분 결정을 내리면 그 직원은 다른 회사로 이직할 수 없습니다. 만약 그걸 어기면 위반에 따른 돈을 내야 하는데, 이렇게 돈을 내도록 만들어서 의무를 강제하게 하는 걸 간접강제(間接強制)라고 부릅니다.

전직금지가처분에서 유의할 부분은 대체로 전직을 금지하는 기간에 제한이 있다는 점입니다. 너무 긴 기간 동안 전직을 못하게 하는 건 근로자에게 가혹한 일이어서 합리적으로 그 범위를 조절하는 것이죠. 영업비밀의 종류나 근로자가 맡았던 업무에 따라 전직이 금지되는 기간은 다르지만, 대체로는 6개월에서 3년 사이로 정합니다.

전직금지약정을 위반했을 때 손해배상 청구도 가능합니다. 전직금지가처분이 전직 자체를 금지하는 것인데 반해, 손해배상 청구는 근로자에게 돈을 부담하게 만드는 것입니다.

손해배상 청구 소송에서는 실제로 발생한 손해를 얼마로 정해야 할지가 자주 문제되는데, 전직금지약정 위반을 이유로 한

손해배상 청구 소송도 마찬가지입니다. 근로자는 '전직금지약정을 위반한 것은 맞지만 회사에 실제로 손해가 발생한 건 아니다'라는 주장을 하곤 합니다. 실제로 발생한 손해가 얼마인지를 명확하게 입증하는 건 매우 어려운 일이므로, 이걸 방지하기 위해서는 전직금지약정을 체결하면서 손해배상액을 미리 정해두는 게 낫습니다.

김변의 정리

이기술 사장의 경우처럼 회사의 핵심인력으로 성장한 직원이 경쟁사로 이직하면 배신감은 물론이고 회사로서도 막대한 손해를 입게 됩니다. 이럴 때 회사를 구제할 방법이 있습니다. 근로계약서를 쓸 때 전직금지약정을 미리 체결해두는 것이죠. 근로자의 직업의 자유를 지나치게 제한하는 전직금지약정은 효력이 없지만, 영업비밀을 지키기 위한 전직금지약정은 대체로 유효합니다.

근로자가 전직금지약정을 어겼을 때, 회사는 전직금지가처분을 신청하여 전직을 막을 수 있고, 손해배상 청구 소송을 제기하여 손해를 보전받을 수도 있습니다.

case 13

직원이 아닌데
퇴직금을 달라고 할 경우

사례

예전부터 운동에 관심이 많았던 김근력 씨는 누구나 집에서 쉽게 할 수 있는 운동기구를 개발했습니다. 김근력 씨의 운동기구가 사람들의 호응을 얻자 그는 회사를 설립하여 본격적으로 운동기구를 판매하기 시작했죠. 운동 효과가 좋다는 소문이 퍼지자 김근력 씨의 회사 제품은 불티나게 팔렸고 유명 백화점에도 입점할 수 있었습니다.

김근력 씨 회사는 백화점과 입점 계약을 체결하여 매장을 개설한 뒤 매장관리자가 그 매장을 관리하게 했습니다. 매장관리자들은 김근력 씨 회사 제품을 판매하고 판매액의 일정 비율을 수수료로 받았습니다.

그렇게 몇 년이 흘렀는데, 어느 날 김근력 씨는 회사가 소송을 당했다는 이야기를 들었습니다. 소송을 건 사람들은 백화점에서 일하던 매장관리자들이었습니다. 그들은 김근력 씨 회사의 직원으로 일했으니 퇴직금을 달라고 주장했습니다.

김근력 씨는 너무나 황당했습니다. 그들은 김근력 씨 회사의 직원이 아니라 그저 판매를 맡기고 수수료를 줬을 뿐이니까요. 이런 경우에도 퇴직금을 지급해야 할까요?

나는 직원인가 사장인가

근로자는 "임금을 목적으로 사업이나 사업장에 근로를 제공하는 사람"을 말합니다.[1] 쉽게 말해 직장에서 일을 하고 돈을 받는 직원이 근로자죠. 근로자의 개념은 비교적 쉬워서 근로자인지 아닌지를 가리는 건 어렵지 않습니다. 하지만 현실에서는 근로자인지 아닌지 애매한 경우가 꽤 있습니다.

근로자로서의 성질을 법학에서는 근로자성(勤勞者性)이라고 부릅니다. 근로자성이라는 용어는 뉴스에서도 종종 접할 수 있는

---

[1] 근로기준법 제2조 제1호

데, 예를 들면 이런 식입니다.

"시간제 계약을 한 원어민 강사들이 학원을 상대로 근로자성을 인정해달라는 소송을 제기해서 최종 승소했다."

근로자성이 인정되었다는 말은 말 그대로 근로자라는 사실이 확인되었다는 말입니다. 근로자성이 문제되는 경우는 크게 두 가지가 있습니다.

첫 번째는 근로자인지 사용자인지 헷갈리는 경우입니다. 사용자는 근로자와 대비되는 개념으로 다른 근로자를 채용하여 사업을 하는 사람을 말합니다. 예를 들어 편의점 사장이 아르바이트생을 고용했다면 편의점 사장이 사용자, 아르바이트생이 근로자죠.

그런데 일을 맡기고 그 대가로 돈을 준다고 해서 모두 사용자-근로자 관계는 아닙니다. 식당을 운영하는 사람이 인테리어 업자에게 인테리어를 맡기고 돈을 줬다고 해서 인테리어 업자가 그 식당의 근로자는 아닌 것처럼 말이죠.

이 경우는 독립적으로 일하는 사람들에게 주로 나타나는 문제입니다. 분명 특정 회사의 일을 하고 돈을 받는데 프리랜서나 개인사업자라면 그 회사의 소속이라고 자신 있게 말하기 어려울 때가 있습니다.

근로자인지 아닌지가 중요한 이유는 근로자 여부에 따라 받을 수 있는 돈이 달라지기 때문입니다. 근로자가 아니라면 계약에서 정한 대로만 돈을 주면 되지만, 근로자라면 연장근로수당, 연차수당과 같은 각종 수당을 줘야 하고 1년 이상 일을 했다면 퇴직금도 지급해야 합니다. 다른 수당에 비해 퇴직금의 액수가 커서 실무에서는 특히 퇴직금이 문제되는 경우가 많습니다.

얼마 전에 한 정수기업체와 서비스용역위탁계약을 맺고 정수기 설치와 사후 관리, 판매 업무까지 담당한 엔지니어들이 회사를 상대로 퇴직금을 달라는 소송을 제기한 적이 있습니다. 그 정수기업체는 '우리 회사 직원이 아니다'라고 주장했지만, 대법원은 엔지니어들이 그 회사 직원(근로자)이니 퇴직금을 지급해야 한다고 판결했습니다.[2] 정수기업체는 엔지니어들에게 배정받은 제품의 설치·AS 업무를 수행하고 그 결과를 보고하도록 하고, 업무 처리에 관한 각종 기준을 설정하고 그 기준을 따르도록 지시했기 때문입니다.

나는 어느 회사 소속인가

근로자성이 문제되는 두 번째 경우는 근로자는 분명한데 어느 회사의 근로자인지가 불분명할 때입니다. 근로자 파견이 대표적인 사례입니다.

---

2   대법원 2021. 11. 11 선고 2019다221352 판결

회사에서 직접 직원을 뽑아 일을 시킬 수도 있지만 다른 회사 직원의 도움을 받아 일을 진행할 수도 있는데 그것이 바로 파견(派遣)입니다. 예를 들어 식품 제조를 하는 A회사가 통근버스를 운전할 운전기사가 필요할 때 운전기사를 직접 채용하지 않고 운전기사들이 소속된 B회사에서 근로자를 파견받을 수도 있는 것이죠.

　　파견근로자는 근로자를 고용한 회사(소속회사)와 근로자가 일을 하는 회사가 다릅니다. 이때 근로자파견사업을 하는 자를 파견사업주, 파견근로자를 사용하는 자를 사용사업주라고 합니다. 앞선 사례에서 통근버스 운전기사는 B회사 소속이지만 A회사에 주로 일을 하는데, B회사가 파견사업주이고 A회사가 사용사업주인 겁니다.

　　근로자 파견은 법적으로 가능하지만 그렇다고 파견이 무제한적으로 허용되는 건 아닙니다. 파견에 아무런 제한이 없으면 다들 직원을 정규직으로 채용하지 않고 파견근로자를 통해 업무를 맡기려 할 것이고, 그러면 고용 불안이 야기될 우려가 있기 때문입니다.

　　「파견근로자 보호 등에 관한 법률」(약칭: 파견법)은 근로자 파견이 가능한 업무를 정해두고 있는데 번역 업무, 공연 예술 업무, 여행 안내 업무, 수위 및 경비원 업무, 주차장 관리 업무 등이 그 예입니다. 파견사업주는 고용노동부장관의 허가를 받아야 합니다. 또한 시간적 제한도 있어 파견 기간은 2년을 초과할 수 없습니다.

얼핏 보면 근로자 파견에서 근로자의 소속이 어디인지는 분명한 것 같습니다. 하지만 불법파견의 경우는 이야기가 달라집니다.

불법파견은 근로자 파견에서 지켜야 할 사항을 지키지 않는 걸 말합니다. 근로자파견대상 업무가 아닌데 파견근로자를 사용하거나 허가를 받지 않는 파견사업주로부터 파견을 받으면 불법파견입니다. 그리고 2년을 초과하여 파견근로자를 사용하는 것도 불법파견입니다.

불법파견에 해당하면 사용사업주는 해당 근로자를 직접 고용해야 합니다.[3] 파견근로자의 소속이 바뀌는 것이죠. 그리고 직접 고용이 일어나면 사용사업주는 해당 파견근로자의 근로조건을 비슷한 일을 하는 근로자와 동일하게 맞춰야 합니다. 일반적으로 파견사업주는 중소기업이고 사용사업주는 대기업인데 소속이 바뀌면 대기업 직원 대우를 받게 되니 근로자의 처우가 향상되는 효과가 일어납니다.

---

3   파견법 제6조의2

나는 근로자일까?

근로자성이 인정되는지에 따라 근로자의 처우는 확연하게 달라집니다. 못 받았던 퇴직금을 한꺼번에 받을 수 있는 등 근로조건이 좋은 회사에 취업한 효과가 나타나기도 합니다. 그러나 근로자 입장에서의 혜택은 기업 입장에서는 부담으로 작용하기도 합니다.

노동법에서 근로자성은 매우 중요한 주제이므로 근로자에 해당하는지를 가리는 기준이 무엇인지를 알아둘 필요가 있습니다.

법원은 형식보다는 내용을 중시합니다. 꼭 고용(근로)계약서를 작성하지 않았더라도 실질적으로 고용관계가 있다면 근로자라고 인정합니다. 같은 맥락에서 계약서에 '○○○은 근로자가 아니라는 점을 확인한다'라는 문구를 쓰는 것도 별 소용이 없습니다.

고용관계 판단에서 핵심은 종속적인 관계에 있느냐인데, 종속적인 관계인지 판단하는 기준은 다음과 같습니다.

- 업무 내용을 사용자가 정하고 취업규칙 또는 인사규정 등의 적용을 받는가?
- 사용자가 근무 시간과 근무 장소를 지정하고 근로자가 이를 따라야 하는가?
- 사용자가 근로자의 출퇴근 여부를 확인하고 휴가를 관리하는가?

- 근로자가 잘못을 했을 때 사용자가 징계할 권한을 가지는가?
- 근로자가 비품이나 원자재를 직접 구입하지 않고 사용자가 제 공하는 비품이나 원자재를 쓰는가?
- 근로자의 기본급이나 고정급이 정해져 있는가?
- 사용자가 근로소득세를 원천징수하는가?
- 근로자가 해당 업무 이외에 다른 일을 하는 게 금지되는가?

이들 질문에 '예'라는 대답이 많을수록 근로자로 인정될 가능성이 높고, '아니오'라는 대답이 많을수록 근로자로 인정되지 않을 가능성이 높습니다.

유의할 점은 이 기준이 절대적이지는 않다는 사실입니다. 법학은 수학과 다릅니다. 수치를 대입하면 정확한 값이 산출되는 수학 공식이 법학에서는 존재하지 않습니다. 근로자인지를 가리는 것도 마찬가지여서 여러 가지 요소를 종합적으로 고려하여 판단을 내립니다.

참고로 최근의 대법원은 근로자성을 인정하는 범위를 점점 넓히는 추세이기는 합니다. 그렇다고 모든 경우를 근로자로 보는 건 아닌데, 최근에 백화점의 매장관리자가 제기한 소송에서 근로자성을 부정한 바 있습니다.[4] 회사가 매장관리자의 근태관

---

4 대법원 2020. 6. 25. 선고 2020다207864 판결

리를 하지 않았고 매출에 기반한 수수료만을 지급한 점, 매장관리자가 해당 매장 운영 이외에 다른 일을 하기도 한 사실 등이 판단의 근거가 되었습니다.

김변의 정리

근로자인지 아닌지 문제되는 경우가 종종 있는데, 근로자로 인정되면 퇴직금이나 추가수당을 지급해야 합니다. 또한 근로자 파견에서 지켜야 할 사항을 지키지 않으면 해당 근로자를 직접 고용한 뒤 유사한 일을 하는 직원과 동일한 처우를 해줘야 합니다.

근로자의 근태관리를 회사가 철저하게 하고 성과와 무관하게 일정하게 보수가 정해진다면 근로자로 인정될 가능성이 높아집니다. 그러니 김근력 씨의 경우는 이러한 여러 가지 경우를 고려하여 매장관리자들의 근로자성을 판단해야 합니다.

3장

경영하다 보면
한번은 겪게 되는
분쟁 사건

case 14

채무자가 돈을 주지 않고
버틴다면?

강수금 씨는 소프트웨어 개발회사인 용식소프트를 운영하고 있습니다. 어느 날 주식회사 웅산이 용식소프트에 보안 프로그램 개발을 요청하면서 개발비로 5억 원을 지급하겠다고 했습니다. 개발비의 10%인 5,000만 원은 개발 전에 받았고, 나머지 4억 5,000만 원은 개발이 완료된 뒤에 받기로 했습니다. 주식회사 웅산의 요구사항이 까다로워서 프로그램 개발 과정에서 적지 않은 어려움이 있었지만, 용식소프트는 보안 프로그램 개발을 성공적으로 마무리 지었습니다.

그런데 진짜 문제는 개발 뒤에 발생했습니다. 주식회사 웅산이 개발비 지급을 차일피일 미루기 시작한 겁니다. 처음에는 회사 자금 계획상 지급이 다소 지연되는 것이라고 설명하더니, 나중에는 다른 이유를 대면서 계속 돈을 주지 않았습니다. 개발이 완료된 지 6개월이 지났는데도 여전히 돈을 못 받고 있으니 강수금 씨는 속이 탈 수밖에 없습니다.

엎친 데 덮친 격으로 주식회사 웅산에 대한 흉흉한 소문도 돌고 있습니다. 웅산으로부터 돈을 받지 못한 회사가 용식소프트 외에도 여러 군데이고, 웅산이 곧 망할지도 모른다는 소문이었죠. 속이 타들어가는 강수금 씨, 받지 못한 개발비를 받을 수 있을까요?

사라져버린 내 돈을 찾아서

돈을 받을 수 있는 권리를 법률 용어로는 채권(債權)이라고 부릅니다. 그런데 채권이 있다는 것과 실제로 돈을 받는 건 다릅니다. 권리는 일종의 가능성을 의미하는 것이어서 아무리 권리가 있더라도 그 권리가 실현되지 않으면 의미가 없습니다. 즉 돈을 줘야 할 채무자가 돈을 주지 않으면 채권이 있더라도 소용없는 것이죠.

아무리 좋게 말해도 채무자가 돈을 지급하지 않고 버티고 있다면 법적인 수단을 사용할 수밖에 없습니다. 가장 먼저 해야 할 일은 채무자의 재산 상태를 확인하는 일입니다. 경제적인 능력을 법조계에서는 흔히 변제자력(辨濟資力) 또는 자력(資力)이라고 부르는데, 변제자력이 없는 사람에게는 온갖 훌륭한 법적 수단도 무용지물일 때가 많습니다. 아무리 애를 써도 돈이 없는 사람에게서 돈을 가져올 수는 없는 노릇이기 때문이죠. 그리고 채무자가 가진 재산의 종류에 따라 법적으로 사용하는 수단이 달라지므로 재산 상황을 제대로 확인하는 건 매우 중요한 일입니다.

채무자의 재산 상황을 가장 확실하게 알 수 있는 방법은 재산명시(財産明示) 제도를 이용하는 겁니다. 재산명시는 말 그대로 재산 상황을 정확하게 드러내는 걸 의미합니다. 채무자의 재산 상황을 가장 잘 아는 건 채무자 자신이므로 채무자로 하여금 자신의 재산 상황을 밝히도록 하는 겁니다. 채권자가 법원에 재산명시 신청을 하고, 법원이 그 신청이 타당하다고 판단하면 채무자에게 재산 상태를 명시한 재산목록을 제출하도록 명령을 내립니다. 법원의 명령에도 채무자가 거짓으로 재산목록을 제출하면 어떻게 하냐고요? 만약 채무자가 거짓으로 재산목록을 내면 3년 이하의 징역 또는 500만 원 이하의 벌금에 처해지니 함부로 거짓말을 할 수 없습니다.[1]

---

1 민사집행법 제68조 제9항

재산명시 제도는 법원이 개입해서 채무자의 재산 상태를 확인해주는 가장 공식적인 절차라는 점에서 강력한 힘이 있지만, 한 가지 치명적인 단점이 있습니다. 재산명시 신청을 하려면 법원의 판결 혹은 판결에 준하는 것(강제조정 결정)이 있어야 한다는 점입니다. 즉 재판을 제기하기 전에는 사용하기 어려운 수단이라는 문제가 있습니다.

상대방과 거래 관계가 있다면 상대방의 재산 상태에 대해 어느 정도 알 수 있으니 최대한 그 정보를 활용해야 합니다. 회사의 사무실이 어디에 있는지, 어느 정도의 매출을 내고 있는지 등 가능하면 상세하게 파악하는 게 중요합니다.

만약 본인의 노력으로 아는 데 한계가 있다면 신용정보회사를 활용할 수도 있습니다. 신용정보회사는 다른 사람의 의뢰를 받아 신용정보를 조사하고, 그 신용정보를 의뢰인에게 제공하는 신용조사업을 할 수 있습니다. 신용정보는 매우 민감한 정보라서 아무나 신용정보 조사를 할 수는 없고, 금융위원회의 허가를 받은 회사만 가능하므로[2] 일을 맡기기 전에 허가 취득 여부를 확인해야 합니다.

---

2   신용정보의 이용 및 보호에 관한 법률 제4조

채무자의 재산 처분을 막아라

채무자의 재산 상태를 파악했다면 채무자가 재산을 처분하지 못하도록 하는 절차를 진행해야 합니다. 제때에 채무자 재산보호 절차를 취하지 않아서 채무자가 재산을 처분해버리면 나중에 돈을 받지 못하거나 받더라도 꽤나 복잡한 과정을 거쳐야 합니다.

채권자의 권리를 보전하기 위해 법원이 명하는 잠정적인 처분을 보전처분(保全處分)이라고 하는데, 대표적인 보전처분으로는 가압류(假押留)와 가처분(假處分)이 있습니다. 가압류와 가처분의 차이는 채권자의 권리가 무엇이냐에 따라 구분됩니다. 가압류는 돈과 관련된 금전채권을 지키기 위한 것이고, 가처분은 금전채권 이외의 채권을 지키기 위한 것입니다. 여기서는 돈을 제대로 받기 위한 방법을 알아보는 것이므로 가압류 위주로 설명하려 합니다.

가압류란 채무자의 재산을 동결(凍結)시켜 채무자가 그 재산을 처분하는 걸 막는 제도입니다. 가압류를 하려면 법원에 가압류 신청을 해야 하는데, 이때 채권자는 두 가지를 밝혀야 합니다. 첫째, 채권자가 채무자에게 돈을 받을 권리가 있다는 사실입니다. 채권을 갖게 된 원인은 무엇인지, 받아야 하는 돈의 액수가 얼마인지 등을 정확하게 기재해야 합니다. 둘째, 가압류를 해야 할 필요가 있다는 점입니다. 채권자가 채권을 가지더라도 채권자가 이미 충분한 담보를 확보해두었거나 채무자에게 재산이 충분히 있으면 굳이 가압류를 해둘 필요성이 없다고 판단되어 가압류가 불가능합니다.[3]

가압류를 할 수 있는 대상은 채무자의 재산입니다. 부동산, 자동차, 건설 기계, 채권 등에 대해서 가압류가 가능한데, 일반적으로는 부동산과 채권에 대해서 가압류를 합니다.

채무자 소유의 부동산이 있으면 부동산에 대해 가압류를 하는 게 좋습니다. 다만 부동산을 가압류하려면 부동산의 위치를 정확하게 알아야 합니다. '서울시 강남구에 있는 홍길동 씨의 땅'이라고 해서는 가압류 대상이 확실하게 정해지지 않기 때문이죠. 법원이 가압류 명령을 하면 해당 부동산의 등기부등본에 가압류된 사실이 기재되고, 채무자는 그 부동산을 처분할 수 없습니다. 물론 가압류가 있더라도 부동산을 이용하는 건 가능하지만, 처분에 제한이 있으니 채무자로서는 상당한 부담이 됩니다.

채권에 대한 가압류도 가능합니다. 채무자가 받을 수 있는 돈이 있으면 그 돈을 받을 권리에 가압류를 할 수 있는데, 대체로 은행 예금 채권에 대해서 가압류를 합니다. 은행 예금 채권에 가압류가 내려지면 은행은 계좌의 주인인 채무자에게 예금을 지

---

3 대법원 1967. 12. 29. 선고 67다2289 판결

급하지 않습니다. 금융거래에 장애가 생기는 것이죠. 금융거래는 경제활동의 핵심이고, 특히 사업하는 사람들에게 이러한 조치는 치명적입니다. 금융거래가 막히면 돈이 수급되지 않으니 사업에 막대한 지장을 초래할 수밖에 없으니까요. 예금 채권 가압류는 그만큼 막강한 힘을 발휘합니다.

예금 채권 가압류의 장점은 채무자의 은행 계좌를 정확히 몰라도 된다는 점입니다. '홍길동이 가진 ○○은행의 계좌'에 대해서도 가압류가 가능합니다. 채무자가 어느 은행 계좌를 보유하고 있는지 알면 좋지만, 혹시 모르더라도 방법은 있습니다. 주요 시중 은행의 계좌 모두에 대해 신청을 하면 되기 때문입니다. 다만 여러 은행 계좌에 가압류를 신청할 때에는 가압류 금액을 나눠서 신청해야 합니다. 예를 들어 받아야 할 돈이 1억 2,000만 원이고 6개 은행의 채무자 계좌에 가압류를 하려면 2,000만 원씩 나누는 방식으로 전체 합계 금액이 1억 2,000만 원이어야 하는 것이죠. 6개 은행 모두에 각각 1억 2,000만 원씩 신청할 수는 없습니다.

빌려준 돈을 내 주머니로 넣는 방법

"끝날 때까지 끝난 게 아니다"라는 야구 격언을 들어본 적이 있을 겁니다. 이 말은 돈을 받는 일에도 적용됩니다. 재산 조사를 하고 채무자 재산에 보전처분을 해두었다고 하더라도 그런 조치만으로는 충분하지 않기 때문입니다. 가압류와 가처분에 공통으로 쓰이는 '가(假)'가 임시라는 뜻이라는 것에서 알 수 있듯이 가압류와 가처분은 잠정적인 조치일 뿐입니다. 채무자의 재산에서 내가 받아야 할 돈을 받아내는 과정을 거쳐야 하는데, 이걸 강제집행(强制執行)이라고 합니다.

강제집행은 다른 사람의 재산을 강제로 가져오는 것이라서 함부로 강제집행이 이뤄지게 해서는 곤란합니다. 강제집행을 하려면 강제집행을 할 수 있는 법적인 근거가 필요한데, 대표적인 게 법원의 판결입니다. 법원이 판결을 통해 돈을 받을 권리가 있다는 걸 명확하게 확인해주면 그 판결을 이용해서 강제집행을 할 수 있는 것이죠.

강제집행의 방식도 재산의 종류에 따라 다릅니다. 그중 부동산에 대해서는 경매(競賣)가 주로 사용됩니다. 요즘에는 부동산 경매가 재테크의 주요한 수단으로 이용되어 우리 주변에서도 경매하는 사람을 쉽게 찾아볼 수 있습니다. 경매는 여러 사람의 매수자(낙찰자) 중에서 가장 높은 가격을 부른 사람에게 그 물건을 파는 것인데, 매수자가 낸 돈(매각대금)을 채권자들이 나눠 갖는 것이죠.

만약 채무자의 재산이 채권이라면 압류(押留)를 통해 현금화 과정을 거칩니다. 가압류는 재산을 처분하는 행위를 일시적으로 막아두는 것인데 반해, 압류는 처분권을 빼앗는 것입니다. 예금 채권을 예로 들면, 채무자의 통장에 있는 돈을 인출하여 채권자에게 지급하는 과정이 압류 및 현금화입니다.

김변의 정리

강수금 씨처럼 받을 돈이 있는데 받지 못하는 것만큼 답답한 상황도 없죠. 그 돈이 한두 푼이 아니라면 더 큰 문제입니다. 강수금 씨는 돈을 받을 권리가 있습니다. 하지만 권리가 있더라도 실제로 돈을 받지 않으면 의미가 없습니다.

돈을 제대로 받으려면 우선적으로 채무자의 재산 상황을 면밀히 확인해야 합니다. 재산이 파악되었다면 채무자가 재산을 임의로 처분하는 걸 막는 보전처분이 필요합니다. 가압류가 주로 이용되며, 부동산이나 예금 채권을 가압류하는 경우가 많습니다.

가압류로 채무자의 재산을 동결시켰다면 법원에 소송을 제기하여 판결을 받은 뒤에 돈을 가져가는 강제집행을 합니다. 부동산은 경매를 이용하여, 예금은 압류 및 현금화 과정을 통해 돈을 받습니다.

case 15

사장은 회사 빚도 책임져야 할까?

사례

유고난 씨는 자동차 부품을 제작하여 납품하는 회사를 운영하고 있습니다. 유고난 씨의 회사는 한창 잘나갈 때는 상근 직원이 100명이 넘었고 발주처의 주문량이 많아 야근을 해야 납품 물량을 겨우 맞출 수 있을 정도였습니다. 휴식도 없이 일하느라 몸은 고단했지만 유고난 씨와 회사는 늘 활기에 넘쳤죠.

그런데 활황은 지속되지 못했습니다. 유고난 씨 회사가 주로 제품을 납품하던 ○○자동차가 경영상의 위기를 겪으면서 상황이 완전히 바뀌었습니다. ○○자동차는 신용경색을 해결하지 못해 회생 절차에 돌입했고 유고난 씨 회사는 제품 납품이 뚝 끊겼습니다. 결국 유고난 씨는 회사 문을 닫을 수밖에 없었습니다.

폐업을 하고 난 뒤 얼마 지나지 않아 사람들이 집으로 찾아왔습니다. 그들은 유고난 씨 회사에 돈을 빌려준 채권자들이었습니다. 유고난 씨는 그들에게 개인적으로 돈을 빌린 적이 없지만, 채권자들은 아랑곳하지 않았습니다.

"회사가 돈을 못 갚으면 사장이라도 갚아야죠. 당장 제 돈 주세요!"

유고난 씨는 어떻게 해야 할지 난감했습니다. 채권자들의 말처럼 회사가 돈을 못 갚으면 사장이라도 갚아야 하는 걸까요?

원칙적으로 회사와 사장은 별개

회사의 첫 번째 특징은 돈을 버는 영리활동을 한다는 겁니다. 기업의 사회적 가치 실현에 대한 기대가 점점 높아지고 있기는 하지만, 회사의 1차 목적이 이윤 추구라는 건 당연하고도 명백한 사실입니다.

회사의 두 번째 특징은 법인(法人)이라는 점인데, 법인은 법이 인정한 사람이라는 의미입니다. 법에는 두 종류의 사람, 즉 자연인과 법인이 있습니다. 손흥민, 김연아처럼 우리가 흔히 인간이라고 부르는 보통의 사람을 법학에서는 자연인(自然人)이라 부르고, 회사처럼 자연인은 아니지만 사람과 비슷하게 대우하는 존재를 법인이라고 합니다.

한편 상법은 회사를 ①합명회사, ②합자회사, ③유한책임회사, ④주식회사, ⑤유한회사 다섯 가지로 분류하고 있습니다.[1] 이들을 구분하는 기준은 회사를 구성하는 사원의 수와 책임의 범위인데, 회사의 유형별 주요 특징은 다음과 같습니다.

	합명회사	합자회사	유한책임회사	주식회사	유한회사
사원 수	2인 이상	2인 이상	1인 이상	1인 이상	1인 이상
책임	무한책임	무한, 유한 각각 1인 이상	유한	유한	유한
대표 사례	협동조합	벤처회사	사모투자펀드	일반 민간기업	외국계 기업

회사의 종류는 총 다섯 가지이지만, 이중 주식회사가 차지하는 비중이 90%를 넘으니 대부분의 회사가 주식회사라고 봐도 크게 틀리지 않습니다. 따라서 여기에서는 주식회사 위주로 설명을 해보려 합니다.

회사도 사람(자연인)과 비슷하게 법인격을 가집니다. 법인격이 있다는 건 쉽게 말해 권리와 의무의 주체가 된다는 의미죠. 보통의 사람들이 집을 소유하는 권리인 소유권(所有權)을 가지듯이 회사도 소유권을 가질 수 있으니 건물이나 땅의 주인이 될

---

1 상법 제170조

수 있습니다(강남역 옆에 있는 삼성전자 서초 사옥의 소유자는 이재용 부회장이 아니라 삼성전자 주식회사입니다). 법인 명의의 신용카드도 만들 수 있고 휴대전화 서비스도 이용할 수 있으니 권리 측면에서는 사람과 큰 차이가 없습니다.

회사는 권리만 갖는 게 아니라 의무도 부담합니다. 예를 들어 회사 제품에 문제가 있어 소비자에게 피해가 생겼을 때 손해를 배상할 의무가 생기는데, 그 의무를 부담하는 건 회사입니다. 마찬가지 원리(元利)로 사업을 해서 벌어들인 수익에 대해 세금을 내는 것도 회사입니다.

사업을 하다 보면 채무를 부담하기도 하는데, 그 채무를 누가 갚아야 하는지는 그 돈을 빌린 주체가 개인사업자인지, 법인사업자인지에 따라 달라집니다. 개인사업자는 사업을 운영하는 주체인 개인(사장)이 빚을 갚아야 하지만, 법인사업자는 해당 법인이 빚을 갚아야 합니다.

예를 들어 A씨가 ○○○마트를 개인사업의 형태로 운영하면서 물건을 납품받았다면 물품대금을 내야 하는 사람은 A씨입니다. ○○○마트는 단순한 상호(가게 이름)에 불과하고 법인격을 가지지 않기 때문에 물품대금을 낼 의무도 부담하지 않습니다. 그런데 A씨가 '주식회사 ○○○마트'라는 회사를 설립해서 그 회사 명의로 납품을 받았다면 A씨가 아니라 '주식회사 ○○○마트'가 물품대금을 내야 합니다. '주식회사 ○○○마트'는 권리와 함께 의무까지 가지는 법인이기 때문입니다.

개인사업자인지 법인사업자인지를 간단하게 확인하는 방법은 법인등기부등본(등기사항전부증명서)을 떼어보는 겁니다. 법인등기부등본은 대법원 인터넷등기소(www.iros.go.kr)에 가서 법인명을 입력하고 약간의 수수료(열람용 700원, 발급용 1000원)를 내면 확인할 수 있는데, 법인등기부등본이 있으면 법인사업자이고, 없으면 개인사업자로 보면 됩니다.

회사가 빚을 낸 뒤 갚지 못한 건 대표이사(사장)가 경영을 잘못했기 때문일 가능성이 높으니 회사 빚을 대표이사가 책임져야 한다고 생각하는 사람도 많을 겁니다. 도의적인 관점에서는 '그렇다'라고 생각할 수 있지만, 법적으로는 '그렇지 않다'가 정답입니다. 회사는 별도의 법인격을 가진 독립된 주체이고 회사와 대표이사는 구분된 존재입니다. 그러니 회사가 짊어진 회사 빚은 원칙적으로 회사가 갚아야 하는 것이지, 회사를 운영하는 대표이사가 책임져야 하는 건 아닙니다.

이럴 때는 사장의 책임

회사가 별개의 법인격을 가져서 회사 빚을 사장이 책임질 필요가 없다는 말을 들으면 사장님들은 매우 안심이 될 겁니다. 하지만 항상 그런 건 아니고 예외적으로 책임을 지는 경우가 있다는 사실도 알아야 합니다.

권리나 권한을 본래의 목적이나 범위를 벗어나 함부로 행사하는 걸 남용(濫用)이라고 합니다. 법학은 한편으로 권리를 보호하면서도 다른 한편으로는 권리를 남용하는 행위를 막는 장치를 두고 있습니다. 회사의 법인격에도 마찬가지의 원리가 적용되는데, 회사가 별도의 법인격을 가진다는 건 인정하지만 부정한 목적으로 법인격을 남용하는 건 허용하지 않는 것이죠.

회사가 법인의 형식을 갖추고 있기는 하지만 겉모양만 법인의 형태를 빌리고 있을 뿐이고, 실질적으로는 완전히 특정인의 개인기업에 불과하거나 특정인에 대한 법률 적용을 회피하기 위한 수단으로 함부로 이용되는 경우에는 그 특정인에게도 책임을 인정하고 있습니다. 이런 경우까지 회사가 별도의 법인격이라는 이유로 특정인의 책임을 부정하면 정의와 형평에 반한다는 이유에서입니다.[2]

실제 있었던 사건을 살펴보겠습니다.

'갑'은 B회사와 오피스텔 분양 계약을 체결하고 오피스텔을 분양받았습니다. 그런데 오피스텔 분양 실적은 생각보다 저조했고, 분양대금을 받아 공사대금을 지급하려던 B회사의 계획은 실패로 돌아갔습니다. 공사대금이 지급되지 않자 공사는 중

---

2 대법원 2001. 1. 19. 선고 97다21604 판결

단됐고 건물은 골조만 세워놓은 채 방치되고 있었습니다. '갑'은 오피스텔이 완성되지 못할 상황에 이르자, 분양대금을 돌려받길 원했는데 문제는 분양 계약의 체결 당사자인 B회사는 돈이 거의 없다는 점이었습니다. 그에 반해 B회사를 실질적으로 지배하던 '을'은 자금이 풍부했습니다. '갑'은 '을'에게 분양대금을 달라고 요구했지만, '을'은 "회사 빚이니 나는 모른다"라고 맞섰습니다.

이 사건에서 법원은 '을'이 '갑'에게 분양대금을 돌려줘야 한다고 판결했는데, 그 이유는 뭘까요? 법원은 B회사와 '을'의 관계에 주목했습니다. '을'은 예전에 개인 명의로 오피스텔 분양 사업을 한 적이 여러 번 있었고, 이 과정에서 B회사를 세워서 대표이사로 취임하여 회사 주식의 대부분을 '을'이 소유하고 있었습니다. 주주총회나 이사회 결의 등의 절차는 지켜지지 않았고 회사는 '을' 한 사람의 의사에 따라 운영되었죠. 또한 B회사가 받은 분양대금의 절반가량은 '을' 명의의 토지를 매수하는 데 사용되는 등 B회사의 재산과 '을'의 재산은 엄격하게 구분되어 있지도 않았습니다. 결국 법원은 B회사가 형식적으로는 별도 법인이지만 실제로는 '을'의 개인회사에 불과하다고 본 겁니다.

이렇게 회사가 가진 고유한 법인격이 없는 것처럼 취급하는 걸 법인격 부인(法人格 否認)이라고 합니다. 법인격이 부인된다는 건 회사를 별개의 독립된 존재로 인정하지 않는다는 겁니다.

즉 회사와 사장을 한 몸처럼 보면 회사의 빚도 사장이 갚아야 한다는 것이죠.

하지만 유념할 점은 법인격 부인은 매우 드물게 인정되는 법리라는 점입니다. 대부분은 회사와 사장을 구분해서 보지만 아주 예외적으로, 양자를 구분해서 사장의 책임을 면제하면 매우 불합리한 경우일 때만 사장에게 책임을 지웁니다.

김변의 정리 ⚖️

회사도 자연인과 함께 법인격을 가지고 있어 권리와 의무의 주체가 되고, 자연인(사장)과 회사는 법적으로 구분된 존재입니다. 회사가 진 빚은 회사가 갚아야 하는 것이고, 개인(사장)은 회사의 빚에 대해서 법적인 책임을 부담하지 않는 게 원칙입니다.

하지만 매우 예외적으로 회사와 개인의 재산이 섞여 있고, 회사가 개인에 의해 좌지우지될 정도로 개인회사에 불과하다면, 회사의 법인격이 부인되어 회사 빚을 개인(사장)이 갚아야 할 수도 있습니다.

case 16

하자가 있는 물건을
납품받았을 때

강항의 씨는 가정용 공기청정기를 만들어서 판매하고 있습니다. 코로나 바이러스 때문에 집에서 생활하는 시간이 길어지면서 강항의 씨 회사 제품에 대한 수요가 대폭 증가했습니다. 평일 야근에 휴일 근무까지 하면서 공장을 계속 돌리고 있지만, 주문량에 비해 공급량이 부족한 상황입니다. 강항의 씨 공장의 설비가 낙후되어서 시간당 생산량 자체가 떨어지기 때문입니다.

생산설비를 납품업체에 문의하니 자동화 기능이 추가된 새로운 기계로 바꾸면 투입 인력이 동일하더라도 생산량이 2배 이상 증가한다는 답변이 왔습니다. 향후에도 수요가 계속 증가할 것이라 예상한 강항의 씨는 과감하게 생산설비를 신형 기계로 변경했습니다. 그런데 신형 기계로 바꾼 뒤에도 생산량은 크게 늘지 않았습니다. 그뿐 아니라 고장도 자주 발생했죠. 강항의 씨는 납품업체 담당자에게 항의했습니다.

"왜 이렇게 설비 고장이 잦은 거죠? 툭하면 기계가 멈추고 고장 나니 손해가 이만저만이 아닙니다."

강항의 씨의 불만에 납품업체는 뚜렷한 해명을 하지 않은 채, 본인들의 책임이 아니라는 주장만 반복하고 있습니다.

납품업체의 하자 책임 범위는 어디까지일까

물건이나 설비를 납품받았는데 제 기능을 하지 못하고 오히려 계속 고장이 나거나 하자가 있으면 상당히 당황스러울 수밖에 없습니다. 납품 계약을 체결하기 전에는 온갖 걸 다 해줄 것처럼 행동하던 거래처도 이미 물건 납품이 끝나고 납품 대금까지 지급되면 태도를 바꾸기 일쑤입니다. 결국 하자 있는 물건을 받은 쪽이 법적인 수단을 적극적으로 사용할 수밖에 없습니다.

납품받은 물건에 하자가 있을 때 가장 기본적인 수단은 하자의 보수를 요구하는 겁니다.[1] 일반적으로 하자 있는 물건을 납품한 회사는 하자를 보수해야 합니다. 하지만 하자를 보수하지 않아도 되는 한 가지 예외가 있습니다. 하자가 중요하지 않을 뿐 아니라, 하자를 보수하는 데 과도한 비용이 드는 경우에는 보수를 청구할 수 없습니다. 사소한 하자는 어느 정도 참아야 한다는 뜻입니다.

그럼 중요한 하자란 뭘까요? 어떤 하자가 중요한지는 일률적으로 말하기 어렵고 개별적인 거래 혹은 물건에 따라 달라집니다. 판례가 중요한 하자로 본 사례는 다음과 같습니다.

- 제작물 공급계약에서 생산량 증대를 위하여 주문하여 인도받은 생산설비가 약정한 생산능력을 갖추지 못한 경우.[2]
- 건축 도급계약을 할 때, 특별히 A회사의 승강기를 설치하기로 약정했으나 수급인이 B회사의 승강기를 설치하였고, 그 후 B회사가 도산하여 승강기의 내구연한까지 유지·보수에 필요한 부품이 제대로 공급되리라는 보장이 없게 된 경우.[3]
- 건물의 기초부분과 주요 구조부분에 하자가 있고, 그로 인해 안전성이나 내구연한에 영향을 미치는 경우.
- 하자로 인해 목적물이 없어지거나 훼손된 경우.

---

1   민법 제667조
2   대법원 1996. 8. 23. 선고 96다16650 판결
3   대법원 1996. 5. 14. 선고 95다24975 판결

이에 반해 재료의 종류나 치수, 공법이 약정과 일부 다르지만 기능상에는 크게 차이가 없는 경우는 중요한 하자로 보지 않습니다.[4]

하자보수를 청구할 때에는 하자를 보수할 수 있는 상당한 기간(하자보수에 일반적으로 소요되는 시간)을 설정해야 합니다. 하자보수를 하려면 재료나 설비도 준비해야 하고 인력도 투입해야 해서 준비 기간이 필요하기 때문입니다.

하자 보수 비용은 누구에게?

하자가 발생해서 손해를 입었다면 그 손해는 당연히 납품업체가 부담해야 합니다. 그럼 손해는 정확히 무엇을 말할까요? 손해는 기본적으로 하자를 보수하는 비용입니다. 납품업체가 직접 하자를 보수한다면 그 비용을 따로 청구할 필요가 없지만, 납품받은 업체가 직접 보수했다면 그 보수비용은 손해입니다.

이미 하자 있는 물건을 납품받았는데 또다시 같은 업체에 보수를 요구하면 못 미더울 수 있습니다. 이럴 때에는 납품업체에 보수를 요구하지 않고 다른 업체를 통해서 보수하는 것도 가능합니다. 그리고 다른 업체에 들어간 하자보수비용을 납품업체

---

4 대법원 1998. 3. 13. 선고 97다54376 판결

에 요구하면 됩니다.

납품업체 입장에서는 '내가 보수하려고 했는데, 왜 다른 업체에 보수를 맡겼냐?'라고 생각할 수 있습니다. 그러나 법적인 관점에서 보면 납품업체는 '다른 업체에 맡기지 말고 내가 직접 보수하겠다'라고 요구할 수 없고, 다른 업체에 지급된 보수비용을 지급해야 합니다. 납품업체는 납품받은 회사가 하자보수를 요구하면 하자를 보수해야 할 '의무'를 부담하는 것이지, 납품업체가 하자를 보수할 권리를 가지는 건 아니기 때문입니다.

원칙적으로는 다른 업체의 보수비용 전부를 지급해야 하지만, 다른 업체의 보수비용이 통상적인 경우에 비해서 과도하다면 과도한 부분은 납품업체가 부담하지 않아도 됩니다.[5]

하자를 보수하더라도 완전히 보수되지 않는 경우도 있을 수 있습니다. 아무리 보수를 해도 처음부터 하자가 없던 물건과 하자를 보수한 물건은 똑같지 않습니다. 일단 하자가 있으면 물건의 가치가 하락할 수밖에 없는데, 가치하락분도 손해이고 이 부분도 배상받을 수 있습니다.[6]

물건에 하자가 있으면 정신적으로도 고통을 겪습니다. 하지만 판례는 정신적 고통에 대한 위자료를 잘 인정하지 않는 편입

5 　대법원 1996. 5. 14. 선고 95다24975 판결
6 　대법원 1997. 2. 25. 선고 96다45436 판결

니다. 일반적으로 하자가 보수되거나 하자보수에 갈음한 손해배상이 이루어짐으로써 정신적 고통은 회복된다고 보기 때문입니다.[7] 다만 예외적으로 하자의 보수나 손해배상만으로는 회복될 수 없는 정신적 고통을 입었다는 특별한 사정이 있고, 납품업체가 이러한 사정을 알거나 알 수 있었을 경우에 한하여 정신적 고통에 대한 위자료를 지급받을 수 있습니다.

매매냐 도급이냐

물건을 납품받았을 때에는 그 납품의 법적 성질이 무엇인지를 따져보아야 합니다. 납품이라는 형식은 유사하지만, 그 실질을 따져보면 매매인 경우도 있고 도급인 경우도 있습니다. 어떤 유형인지에 따라 적용법률과 구제수단이 달라집니다.

쉽게 말하면 매매(賣買)는 물건을 사는 행위이고, 도급(都給)은 일을 맡기는 것입니다. 둘은 개념적으로 완전히 구별되는 것 같지만 어느 쪽인지 분명하지 않은 때도 있는데 대표적인 사례가 제작물 공급계약입니다. 제작물 공급계약은 상대방의 주문에 따라 자기 소유의 재료를 사용하여 물건을 만든 뒤 공급하는 것인데 물건을 만든다는 점에서는 도급의 성격을 가지고, 만든

---

7 대법원 1993. 11. 9. 선고 93다19115 판결

물건을 판매한다는 점에서는 매매의 성격을 가집니다. 그럼 판례는 매매와 도급을 어떻게 구별할까요?

법학에서는 물건을 대체물(代替物)과 부대체물(不代替物)로 구별합니다. 다른 물건으로 바꿔도 크게 상관 없는 물건을 대체물이라 부르고, 꼭 그 물건이어야 하는 물건은 부대체물이라 부릅니다. 예컨대 유명 냉면집에서 파는 비법 육수는 부대체물이고, 냉면 가게의 그릇은 대체물에 가깝습니다. 만약 대체물을 납품받았다면 매매일 확률이 높고, 비대체물을 납품받았다면 도급일 확률이 높습니다.[8]

매매라면 상법 제69조가 적용됩니다. 상법 제69조에 따르면, 매수인은 물건을 받고 나서 지체 없이 물건을 검사해야 하고 물건의 하자를 발견했으면 즉시 매도인에게 통지해야 합니다. 만약 검사를 늦게 하거나 하자를 발견하고도 매도인에게 나중에 통지하면 계약해제, 대금감액 또는 손해배상을 청구하지 못합니다. 물건의 하자를 즉시 발견하기 어려운 경우도 있습니다. 그렇더라도 매수인은 6개월 이내에 그 하자를 발견하여 지체 없이 통지해야 하고, 통지를 하지 않으면 손해배상 등을 청구할 수 없습니다.

---

8 대법원 2010. 11. 25. 선고 2010다56685 판결
9 대법원 2008. 5. 15. 선고 2008다3671 판결

매수인에게 불리해 보이는 규정이지만, 상거래는 일반적인 거래에 비해 빨리 마무리 지을 필요가 있어 권리 행사 기간을 짧게 두는 것입니다. 그렇다고 방법이 전혀 없는 건 아닙니다.

하자가 늦게 발견되는 게 걱정이라면 당사자끼리 미리 합의를 해두면 됩니다.[9] 하자보증 기간을 6개월보다 더 넉넉하게 설정해두고, 해당 하자보증 기간에 발생한 하자에 대해서는 납품업체가 책임지도록 정하는 게 안전합니다.

김변의 정리

강항의 씨는 큰돈을 들여 설비시설을 납품받았지만, 잦은 고장으로 손해가 이만저만이 아닙니다. 그럴 때는 납품업체에 하자를 보수해달라고 요구할 수 있습니다. 납품받은 업체가 직접 하자를 보수하거나 납품업체가 아닌 다른 업체에 보수를 청구할 수도 있죠.

손해배상을 청구하는 것도 가능한데, 이때 손해는 하자의 보수비용과 하자로 인한 가치하락분입니다. 대체가 가능한 물건을 납품받았다면 매매에 해당할 가능성이 높은데, 이때에는 지체 없이 물건을 검사한 뒤 문제를 발견했을 때 최대한 신속하게 납품업체에 알려야 합니다.

case 17

내 공사대금은
어디에?

사례

문전자 씨는 전기공사를 전문적으로 하는 회사를 운영하고 있습니다. 한편 장수리 씨는 중견 건설업체를 운영하고 있는데, 전체 15층 신축 건물의 공사를 맡게 되었습니다. 장수리 씨 회사에는 전기공사를 할 수 있는 인력이 없어 문전자 씨 회사에 전기공사를 맡겼고, 문전자 씨는 현장 경험이 풍부한 인력을 대규모로 투입하여 전기공사를 마무리 지었습니다.

장수리 씨는 건물이 완공되면 전기공사대금을 주겠다고 문전자 씨에게 약속했고 계약서에도 그렇게 기재했습니다. 그런데 건물이 완공되고 나서도 문전자 씨는 공사대금을 지급받지 못했습니다. 문전자 씨가 언제 대금을 주냐고 물으면 "곧 주겠다"라는 말만 되풀이하면서 지급 일자를 계속 늦출 뿐입니다.

장수리 씨가 대금을 지급하지 않자 문전자 씨 회사는 자금 사정이 매우 나빠졌고 직원들 월급도 밀릴 상황에 몰렸습니다.

일을 해주고도 공사대금을 제대로 못 받고 있는 문전자 씨, 대체 어떻게 해야 할까요?

돈을 안 준다면 유치권으로 대응

건설 분야는 대규모 자금이 투입될 뿐 아니라 관여하는 당사자도 많아 법적인 분쟁이 굉장히 많이 발생하는데, 특히 공사대금을 둘러싼 분쟁이 가장 많은 편입니다. 시간과 비용을 투입하여 공사를 했는데 공사대금을 못 받으면 매우 당혹스러울 수밖에 없고 사업상 위기를 크게 겪을 수도 있습니다.

공사대금을 지급받지 못했을 때 자주 사용하는 방법은 유치권 (留置權)을 행사하는 겁니다. 유치권은 다른 사람의 물건에 관해 채권을 가지고 있는 경우, 그 물건을 계속 보관할 수 있는 권리를 말합니다. 예를 들어 휴대전화기의 수리를 맡긴 뒤에 수리비를 지급하지 않으면 수리기사는 유치권을 행사하여 휴대전화기를 돌려주지 않고 보관할 수 있습니다. 물건의 소유자가 돈을 낼 때까지는 물건을 사용하지 못하게 해서 빚을 빨리 갚게 만드는 역할을 하는 게 유치권입니다.

건물도 일종의 물건이므로 유치권 행사의 대상이 됩니다. 건물 공사를 담당한 업체는 건물에 관한 채권(공사대금채권)을 가지니 유치권을 행사할 수 있는 것이죠. 건물에 대해 유치권을 행사한다는 것은 그 건물을 점유(차지)한다는 겁니다. 길을 가다 보면 '유치권 행사 중'이라고 적힌 현수막을 종종 볼 수 있는데, 이건 점유하고 있다는 사실을 대외적으로 알리기 위한 겁니다.

유치권은 단순히 물건을 '점유'할 수 있는 권리이지 '사용'할 수 있는 권리는 아닙니다.[1] 그러니 공사대금을 못 받아 유치권을 행사하더라도 그 건물을 직접 사용하거나 다른 사람에게 임대를 줘서는 안 됩니다. 또한 유치권 행사는 적법해야 합니다. 예를 들어 다른 사람이 이미 건물을 차지하고 있는데 불법적인 방법을 사용해서 그 사람을 쫓아내고 점유하는 건 안 됩니다.[2]

한편 공사와 관련해서 채권을 가지고 있다고 해서 모두 유치권을 행사할 수 있는 건 아니라는 점을 유의해야 합니다. 판례에 따르자면, 단순히 건축에 사용되는 자재를 납품하거나 간판 설치공사를 하고 돈을 못 받은 경우에는 유치권을 행사할 수 없습니다.[3]

---

1 민법 제324조 제2항
2 민법 제320조 제2항
3 대법원 2012. 1. 26. 선고 2011다96208

발주자에게 직접 청구하기

건설 공사는 여러 단계를 거쳐서 진행됩니다. 발주자가 A 건설회사에 공사를 맡기면 A 건설회사가 공사를 전부 수행하지 않고 다른 업체 C에 다시 맡기는 일이 비일비재합니다. 이때 공사를 다른 사람에게 맡기는 걸 도급(都給)이라 부르고 발주자로부터 최초로 도급을 받는 A회사를 원사업자라고 합니다. 그런데 A 회사가 일을 다른 회사에 맡기기도 하는데 이걸 하도급(下都給), B 회사를 수급사업자라고 부릅니다. 실무에서는 원사업자를 수급인, 수급사업자를 하수급인이라 부르기도 합니다.

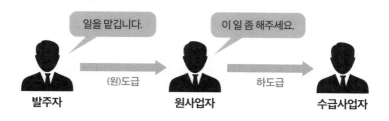

도급-하도급-재하도급 등 여러 단계를 거치면 거래 관계가 복잡해져서 누구에게 돈을 받아야 할지 애매할 때가 있습니다. 원칙적으로는 일을 시킨 회사에 받으면 되므로 수급사업자는 일을 맡긴 원사업자에게 돈을 지급받아야 합니다. 그런데 일정한 요건을 갖추면 수급사업자가 발주자에게 직접 돈을 청구할 수도 있습니다. 발주자가 수급자에게 하도급대금을 직접 지급

하는 걸 실무적으로는 '직불'이라고 합니다.

먼저, 발주자가 직접 지급하기로 약정(직불합의서)을 하면 당연히 직접 지급을 청구할 수 있습니다.[4] 직불합의서에는 원도급 및 하도급의 계약 내용(공사명, 계약금액, 계약기간, 계약자 등), 직접 지급의 방법과 절차가 기재되며 발주자-원사업자-수급사업자가 모두 도장을 찍는 3자 계약으로 체결합니다.

일반적으로 원사업자보다는 발주자의 경제적 능력이 더 나은 편이라 직불합의서를 받아두면 수급사업자는 안심이 됩니다. 발주자 입장에서는 수급사업자가 일을 하지 않아 공사가 지연되는 것보다는 대금을 직접 주고서라도 공사를 완성하는 게 낫기 때문에 직불합의서를 작성해주기도 합니다.

「하도급거래 공정화에 관한 법률」(약칭: 하도급법)은 직불합의서가 없더라도 발주자가 직접 지급을 해야 하는 경우를 정해놓고 있습니다.[5] 원사업자에 부도가 발생하거나 원사업자의 허가가 취소되는 등 원사업자가 정상적인 영업을 할 수 없어 하도급 대금을 지급할 수 없으면 수급사업자는 직접 지급을 청구할 수 있습니다. 또한 원사업자가 발주자에게 도급 대금을 받은 뒤에 수급사업자에게 대금을 지급하지 않는 일이 반복된 경우에도

---

4 하도급법 제14조 제1항 제2호
5 하도급법 제14조

발주자는 수급사업자에게 직접 지급해야 합니다.

발주자가 수급사업자에게 직접 지급하더라도 이중으로 지급하는 건 아닙니다. 발주자가 해당 수급사업자에게 하도급대금을 직접 지급할 때 발주자가 원사업자에게 이미 지급한 하도급 금액은 빼고 지급하기 때문입니다.

이도저도 소용이 없을 때

원사업자가 정말 돈이 없어서 하도급대금을 못 주고 있다면 발주자에게 직접 지급을 청구하거나 기다려야 합니다. 그게 아니라 돈이 있으면서도 대금을 지급하지 않고 있다면 원사업자를 압박할 필요가 있는데, 압박 수단으로 유용한 게 가압류입니다.

3장 '채무자가 돈을 주지 않고 버틴다면?'에서 언급한 바와 같이, 가압류는 채무자의 재산을 동결(凍結)시켜 채무자가 그 재산을 처분하는 걸 막는 제도이고 채권에 대해서도 가압류가 가능합니다. 일반적으로 은행 예금 채권에 대한 가압류가 많이 이용되고 공사대금을 못 받은 경우에도 예금 채권을 가압류할 수 있지만, 공사와 관련해서는 다른 채권을 가압류하는 일도 많습니다.

보통 원사업자는 한 군데에서만 공사를 하는 게 아니라 여러 군데의 작업장에서 동시에 작업을 하거나 순차적으로 여러 공사를 진행합니다. A 공사 이외에 B 공사도 맡아서 했다면 원사업자는 B 공사에 대한 대가를 받을 권리(채권)를 가집니다. A 공사에서 하도급을 받아 일을 한 수급사업자는 원사업자가 A 공사대금을 주지 않을 때 원사업자가 가지는 다른 채권(B 공사대금 채권)에 대해 가압류를 하면 돈을 받을 확률이 높아집니다. 가압류로 인해 다른 공사에서 받아야 돈을 받지 못하면 원사업자는 돈의 융통이 막혀서 매우 불편하기 때문입니다.

가압류는 강제적인 방법으로 돈의 흐름을 일시적으로 막는 것인데, 이보다 부드럽게 문제를 해결하고 싶다면 채권양도(債權讓渡)도 생각해볼 수 있습니다. 채권양도는 말 그대로 돈 받을 권리(채권)를 넘기는(양도하는) 겁니다. 갑이 을에게 돈을 줘야 하는데 당장 수중에 돈이 없는 상황을 가정해볼까요? 이때 갑이 병에게 받을 돈이 있다면 갑은 '병에게 돈 받을 권리'를 을에게 넘기면 되고, 을은 병에게 돈을 받으면 됩니다. 채권양도는 쉽게 말해 채권자를 바꾸는 과정입니다.

원사업자가 회사 자금 사정이 좋지 않아 하도급대금을 줄 수 없다고 한다면 '다른 채권이라도 양도해달라'고 요청하면 됩니다. 채권을 양도받으면 수급사업자는 채권자로서 원사업자의 채무자에게 돈을 요구할 수 있습니다. 결국 수급사업자에게 중요한 건 돈을 받는 것이지 꼭 원사업자에게 돈을 받아야 하는 건 아니니 채권양도도 의미가 있습니다.

수급사업자와 원만하게 협의가 안 되면 정부기관의 도움을 받는 것도 방법입니다. 한국공정거래조정원은 건설하도급분쟁조정협의회를 두고 있는데, 조정을 신청하면 조정위원들이 절충점을 모색합니다. 조금 더 강력한 수단으로는 공정거래위원회에 신고하는 방법이 있습니다. 정당한 사유 없이 하도급대금을 지급하지 않는 건 하도급법에 위반되는 행동입니다. 공정거래위원회는 하도급대금을 지급하지 않는 회사에 과징금을 부과할 수 있습니다.

김변의 정리 ⚖️

문전자 씨처럼 건축 관련 공사대금을 받지 못했을 때 공사업체가 일반적으로 사용하는 방법은 유치권을 행사하여 건물을 차지하는 것입니다. 유치권은 적법하게 행사해야 하며 건물을 직접 사용할 수는 없다는 점을 유의해야 합니다.

직불합의서를 작성했거나 하도급법상의 요건을 충족하면 발주자에게 대금을 지급해달라고 요청할 수 있습니다. 그 외에도 다른 공사대금채권을 가압류하거나 채권을 양도받는 것도 유용한 방법입니다.

case 18

행정제재를 당했어도 솟아날 구멍은 있다

사례

이안전 씨는 생활폐기물을 처리하는 회사를 운영하고 있습니다. 일은 고되지만 폐기물 처리는 사회에 꼭 필요한 일이라는 사명감을 가지고 일하고 있습니다.

얼마 전, 시청 공무원이 이안전 씨 회사를 방문해서 안전점검 실태조사를 벌였습니다. 통상적인 절차라 여긴 이안전 씨는 성실하게 조사를 받았습니다.

그런데 안전점검 실태조사가 끝나고 한 달이 지난 뒤, 이안전 씨는 시청에서 보낸 공문을 받고 깜짝 놀랐습니다. 공문에는 "안전기준을 충족하지 못해 폐기물처리업 허가를 취소한다"는 내용이 포함되어 있었습니다. 청천벽력 같은 소식에 놀란 이안전 씨는 어떻게 된 일인지 경위를 파악하기 위해 시청으로 달려갔습니다. 담당자의 설명은 이랬습니다.

"청소 차량에는 사고를 예방할 수 있는 후방영상장치를 설치해야 합니다. 그런데 후방영상장치가 설치되지 않아서 안전기준에 미달했습니다."

안전점검 실태조사 당시 후방영상장치가 고장이 나서 잠깐 떼어둔 것은 맞지만 장치를 수리한 뒤에는 곧바로 설치했는데, 그 잠깐 동안 이런 일이 벌어진 것이죠. 이안전 씨는 사소한 실수로 사업을 아예 못하게 하는 건 너무 심하다는 생각이 들었습니다. 이안전 씨를 구제할 방법은 없는 걸까요?

행정제재에 대한 두 가지 대응 방법

마음만 먹으면 당장 시작할 수 있는 사업도 있지만, 어떤 사업은 사업을 하기 전에 행정기관의 허가나 승인을 받아야 합니다. 웬만하면 허가가 나오면 좋을 텐데, 허가 요건이 까다로워 다양한 설비를 갖추고 각종 기준을 충족해야 겨우 허가가 나오는 경우도 있습니다. 이렇게 어렵게 요건을 갖춰서 허가를 받았는데, 어느 날 갑자기 허가가 취소된다면 엄청난 타격을 받을 수밖에 없습니다. 꼭 허가가 취소되지 않더라도 영업이 정지된다거나 과징금을 부과받을 수도 있죠. 이처럼 다양한 행정적인 제재에 대해서 어떻게 대응해야 할까요?

행정기관이 하는 다양한 행정작용 중에서 국민의 권리나 의무에 영향을 미치는 걸 행정처분(行政處分)이라고 부릅니다. 행정처분에 대해 다투는 일반적인 방법은 행정소송(行政訴訟)을 제기하는 겁니다. 행정소송은 일반적인 민사사건과는 관할 법원이 달라서 행정법원에 제기해야 합니다.

행정소송은 가장 보편적인 권리구제수단이지만 재판이 끝날 때까지 시간이 꽤 오래 걸린다는 단점이 있습니다. 소송을 제기하여 1심 판결이 선고되기까지 적어도 6개월~1년 정도가 소요되는데, 1심에서 끝나지 않고 2심, 3심을 거친다면 몇 년이 훌쩍 지나기 십상이죠.

이럴 때는 행정심판(行政審判)이라는 구제수단을 고려해볼 필요가 있습니다. 행정심판은 행정심판위원회라는 합의제 행정기관이 행정처분에 문제가 있는지 살펴보는 절차입니다. 행정부 내에 설치된 기관이지만 하는 일은 사법부와 비슷합니다.

행정심판은 행정소송에 비해 짧게 끝나는 것이 장점입니다. 그동안 행정심판 제도가 널리 활성화되지 않은 이유는, 행정심판위원회가 같은 행정부 소속이라 행정기관의 잘못을 인정하지 않을 것이니 행정심판을 해도 소용없다는 인식 때문이었습니다. 하지만 행정심판이 실효성이 전혀 없는 건 아닙니다. 2021년 1월~9월까지 행정심판에서 청구인의 주장이 인용되는 비율이 20.3%에 달한다고 하니,[1] 5건 중 1건에서는 행정기관의 잘못을 인정한 셈입니다.

행정소송을 제기하거나 행정심판을 청구할 때는 기간을 유의해야 합니다. 행정소송은 처분이 있었던 걸 안 날부터 90일, 처분이 있은 날부터 1년 이내에 제기해야 합니다. 두 개의 기간을 모두 지켜야 하고 둘 중 하나라도 지키지 못하면 소송을 제기할 수 없습니다. 예를 들어 처분이 있었던 걸 안 건 30일밖에 안 되었지만 처분이 있은 날로부터 1년이 지났다면 소송 제기가 불가능한 겁니다. 행정심판의 청구기간은 행정소송의 제소기간과는 조금 다릅니다. 처분이 있었던 걸 안 날로부터 90일이라는 건 같지만, 처분이 있은 날로부터 180일 이내에 행정심판을 청구해야 합니다.

행정소송을 제기했다고 해서 행정처분의 효력이 바로 없어지는 건 아닙니다. 예를 들어 영업정지를 당해 소송을 걸었더라도 법원 판결이 선고되기 전까지는 영업정지가 유효해서 그 기간 동안에는 영업을 할 수 없습니다. 나중에 소송에서 이기더라도 영업정지 기간이 지나고 나면 소송을 한 실익이 없을 수도 있는 것이죠.

---

[1] 〈권익위 "올해 행정심판 인용률 20.3%…20년 간 최고"〉, 뉴시스, 2021. 10. 19

이런 불합리를 막기 위한 제도가 집행정지(執行停止)입니다. 집행정지는 행정처분의 효력을 재판이 끝나기 전까지 일시적으로 정지시켜 놓는 것입니다. 영업정지처분을 받았다면 행정소송을 제기하면서 집행정지까지 같이 신청하는 게 좋습니다. 영업정지처분에 대해 집행정지 결정을 받으면 영업정지라는 행정처분의 효력이 없는 것으로 볼 수 있어 그동안 영업을 할 수 있기 때문입니다.

행정처분의 빈틈을 찾아서

행정소송에서 이기려면 행정처분이 위법하다는 걸 밝혀야 합니다. 행정처분이 위법한 경우는 크게 두 가지가 있는데, 하나는 행정처분이 지켜야 할 절차를 지키지 않는 것이고, 다른 하나는 행정처분의 내용에 하자가 있는 겁니다. 하나씩 살펴보겠습니다.

행정기관은 무작정 행정처분을 할 게 아니라 그러한 행정처분을 하는 이유를 알려야 합니다. 그래야 행정처분을 받은 사람이 납득할 수 있기 때문이죠. 그리고 처분은 말이 아니라 문서로 하는 게 원칙입니다. 말로 하면 행정처분의 내용과 근거가 정확히 남지 않지만, 문서로 하면 그 근거가 남기 때문에 분쟁을 미리 막을 수 있습니다.

국민에게 유리한 행정처분(예를 들어 영업허가)을 수익적 처분이라고 하고, 불리한 행정처분(예를 들어 영업정지)을 침익적 처분이라고 합니다. 침익적 처분을 할 때는 지켜야 할 절차가 더 있습니다. 어떤 처분을 할 것인지를 미리 알려야 하고(사전통지),[2] 국민이 의견을 제출할 수 있는 기회를 부여(의견청취)해야[3] 합니다. 사전통지와 의견청취 절차를 둔 까닭은 국민의 권리가 침해되는 걸 최소화하기 위한 겁니다.

행정기관이 행정절차를 지키지 않으면 행정처분은 위법합니다. 행정처분의 내용에는 아무런 문제가 없더라도 마찬가지죠. 실제로도 절차를 위반해서 행정기관이 소송에서 지는 사례가 종종 발생하는데, 가수 유승준(스티브 유) 사건도 그중 하나입니다.

인기가수였던 유승준이 미국 시민권을 취득해 병역의무를 면제받자, 법무부장관은 병무청장의 요청을 받아 입국금지결정을 했습니다. 그 뒤 한참이 지나 유승준은 한국에 방문하려고 비자 발급을 신청했고, LA총영사는 사증(비자)발급을 거부하는 처분을 했습니다. LA총영사는 일정한 사유가 있으면 사증발급을 거부할 수도 있는데 문제는 방식이었습니다. LA총영사는 유승준의 아버지에게 전화를 걸어 사증발급이 거부되었다는 걸 알려줬습니다.

그런데 행정처분은 말이 아니라 문서로 해야 합니다. 결국 유

---

2 행정절차법 제21조
3 행정절차법 제22조

승준은 비자발급 거부처분 소송에서 이겼는데, 그건 비자발급 거부처분에 절차적인 하자가 있었기 때문입니다(물론 그렇다고 해서 유승준이 바로 한국에 입국할 수 있는 건 아닙니다).

행정처분이 적법하려면 행정기관이 절차적인 사항을 반드시 준수해야 할 뿐만 아니라 행정처분에 내용상 하자도 없어야 합니다. 내용상 하자의 대표적인 유형으로는 법령에 위반되는 경우입니다. 법에 어긋난 행정처분을 한다는 게 납득이 안 갈 수도 있지만 법령은 추상적, 일반적으로 규정되어 있는데 실제로 법령을 적용하는 과정에서 오류가 생길 수 있습니다.

또한 법률 아래에 시행령, 시행규칙 등의 하위 법령이 많이 있어 법령 자체가 매우 복잡할 때도 있습니다. 행정처분이 법령에 위반되는지 파악하는 건 상당한 법적 지식이 있어야 하고 관련 업계에 대한 이해도도 높아야 하니, 사건이 생기면 관련 분야에서 오랫동안 활동한 변호사를 대리인으로 선임하는 게 좋습니다.

명시적인 법령에 위배되지는 않더라도 행정처분의 일반적인 원칙(행정법의 일반원칙)을 지키지 않는 것도 위법합니다. 행정법의 일반원칙 중에서 실무적으로 자주 문제가 되는 두 가지로는 신뢰보호의 원칙과 부당결부금지의 원칙이 있습니다.

---

4 대법원 1998. 5. 8. 선고 98두4061 판결
5 대법원 1997. 3. 11. 선고 96다49650 판결

신뢰보호의 원칙은 행청기관의 작용을 신뢰하여 행동했는데, 그 뒤에 반대되는 행정처분을 하면 안 된다는 원칙입니다. 예를 들어 폐기물처리업에 대하여 사전에 적정통보를 한 뒤 나중에 특별한 이유도 없이 사업허가를 하지 않는 건 신뢰보호의 원칙에 위반된 위법한 행정처분입니다.[4]

　부당결부금지의 원칙은 수익적 행정처분을 하면서 그것과 상관이 없는 의무를 같이 부과해서는 안 된다는 걸 말합니다. 주택사업계획승인을 하면서 그 주택사업과는 아무런 관련이 없는 토지를 기부채납(寄附採納), 즉 국가 등이 사업자로부터 재산을 무상으로 받게 만드는 것은 부당결부금지 원칙에 위반됩니다.[5]

김변의 정리　⚖️

잠깐의 실수로 영업취소를 받으면 억울한 마음이 들 수도 있습니다. 이럴 때는 행정심판이나 행정소송을 제기하면 됩니다. 행정심판과 행정소송에는 기한상의 제한이 있으니 시기를 놓치지 않도록 유의해야 합니다.
행정소송의 실익을 높이려면 행정처분의 효력을 일시적으로 정지시키는 집행정지를 신청하면 됩니다. 행정소송(행정심판)에서 이기려면 행정처분에 절차상 문제 혹은 내용상 하자가 있다는 점을 밝혀야 합니다.

case 19

우리끼리만 조용히
담합하면 된다고?

사례

CCTV 장비를 제조해서 판매하는 회사를 운영 중인 김순진 씨는
지방경찰청의 공고를 보고 매우 분주해졌습니다. 경찰청이 CCTV
의 화질을 개선하기 위해 고성능 장비를 대거 구입하겠다는 장비
입찰 공고를 냈는데, 입찰 규모가 상당했기 때문입니다. 그렇지 않
아도 매출이 점점 줄고 있는 터라 걱정이 컸는데 좋은 기회가 찾아
온 것이죠. 꼭 낙찰을 받겠다는 각오로 열심히 제안서를 준비하는
김순진 씨에게 경쟁업체의 대표 차속임 씨가 따로 만나자는 연락을
해왔습니다.

차속임 씨의 제안은 한마디로 나눠 먹기를 하자는 것이었습니다.
"이번에 우리 회사가 아주 높은 가격을 써서 제안서를 제출할게요.
그럼 사장님 회사가 낙찰을 받을 수 있을 거예요. 다음 입찰 때는 사
장님이 저희 회사를 도와주시면 됩니다."

그렇지 않아도 입찰 가격을 얼마로 써야 할지 고민하던 차였습니다.
'경쟁업체가 입찰 금액을 알려주면 우리는 그 금액보다 조금 낮은
금액을 제시하면 되니까 쉽게 낙찰받을 수 있을 거야.'

이런 생각이 하루에도 수십 번씩 들었습니다. 김순진 씨는 차속임
씨의 제안에 응해도 될까요?

담합은 짜고 치는 고스톱

우리나라가 채택하고 있는 자유시장경제체제의 핵심은 경쟁입
니다. 소비자의 입장에서는 경쟁이 치열한 게 좋습니다. 기업과
개인들이 시장에서 품질과 가격을 놓고 자유롭게 경쟁하면 그
중에서 더 나은 서비스와 제품을 제공받을 수 있기 때문이죠.

그런데 공급자, 즉 경쟁해야 하는 쪽에서는 경쟁이 부담될 수
밖에 없습니다. 경쟁에서 이기기 위해 각고의 노력을 해야 하고,
만약 경쟁에서 져서 소비자의 선택을 받지 못하면 기업이 문을
닫는 일도 종종 있으니까요. 일례로 세계 최고의 필름 제조사 중
하나였던 코닥(Kodak)이 결국 파산보호를 신청하게 된 것도 디

지털 카메라와의 경쟁에서 뒤처졌기 때문입니다.

경쟁에 대한 부담을 경감시키는 방법은 경쟁을 하지 않는 것입니다. 혼자만 경쟁을 하지 않겠다는 다짐은 의미가 없고 다른 경쟁사들도 동참해야 실효성이 있죠. 경쟁사 간에는 교류가 전혀 없을 것 같지만 실제로는 그렇지 않습니다. 경쟁사라도 업계 모임 등에서 만날 기회가 적지 않고 개인적인 친분도 있어 이런 식의 제안을 하는 일이 종종 생깁니다.

"우리 너무 힘들게 애쓰지 말고 쉽게 갑시다. 좋은 게 좋은 것 아니겠습니까?"

이렇게 경쟁관계에 있는 회사들이 가격 등을 합의해서 정하는 걸 부당한 공동행위라고 부릅니다. 흔하게 사용하는 용어는 담합(談合)인데, 쉽게 말하면 짜고 치는 고스톱과 비슷합니다.

가격을 담합하면 손쉽게 돈을 벌 수 있습니다. 예를 들어 과자를 만드는 회사가 한 봉지에 1,000원이던 가격을 10% 올려 1,100원으로 책정하면 소비자들의 외면으로 매출이 줄어들 가능성이 높습니다. 그런데 경쟁관계에 있는 다른 회사의 과자도 동일하게 10%씩 가격을 올린다면 매출은 줄지 않고 이익은 극대화되는 효과를 볼 수 있습니다. 하지만 이러한 담합은 엄연하게 불법이고, 담합이 적발되면 강력한 제재가 뒤따른다는 점을 유념해야 합니다.

담합에 관한 흔한 오해는 합의서를 쓰지 않으면 괜찮다는 것

3장 | 경영하다 보면 한번은 겪게 되는 분쟁 사건

입니다. 하지만 담합 자체가 불법인 이상 명문의 합의서를 쓰는 사람은 거의 없습니다. 메일로 간단하게 서로의 의견을 조율하거나 말로 합의하는 일이 많습니다. 하지만 담합하는 방식에는 제한이 없으므로 구두로 한 합의도 담합으로 봅니다.

흔히 담합이라고 하면 가격을 합의해서 정하는 가격담합만 생각하기 쉽지만 가격 이외의 요소, 이를테면 상품의 거래 조건, 생산 및 출고 시기, 거래 지역 등을 정하는 것도 모두 담합의 일종입니다. 모든 유형의 담합을 유의해야 하지만, 특히 회사 입장에서는 입찰담합을 경계해야 합니다.

입찰담합(入札談合)은 입찰에 참가한 회사들끼리 담합해서 미리 낙찰자를 정하고 다른 업체는 들러리로 참가하는 겁니다. 얼핏 생각하면 낙찰받은 회사만 이익을 보고 낙찰받지 못하는 회사는 남는 게 없을 것 같지만, A 공사 입찰에서는 낙찰받지 못하더라도 다음번 B 공사 입찰 때 낙찰받기로 미리 정해두면 이익을 담보할 수 있습니다. A 공사를 낙찰받은 회사가 담합을 한 다른 회사에 공사 일부를 떼어주는 방식도 흔히 사용됩니다.

담합에 따른 처벌

사지(四知)라는 말이 있습니다. 두 사람만의 비밀이라도 어느 때고 반드시 남이 알게 됨을 이르는 말인데, 이 말은 중국 고사에서 유래합니다. 중국 후한 시대에 양진(楊震)이라는 사람이 한 지역의 고위 관리로 부임합니다. 그런데 관내 고을 관리인 왕밀(王密)이 밤중에 찾아왔습니다. 양진과 왕밀은 서로 알고 있는 사이로, 양진의 천거를 받은 적이 있는 왕밀이 그에 대한 고마움으로 황금 열 근을 바치기 위해 찾아온 것이죠.

"한밤중이라 아무도 알 사람이 없습니다."

왕밀의 말에 양진은 이렇게 답했습니다.

"하늘이 알고 땅이 알고 내가 알고 자네가 안다."

담합도 마찬가지입니다. 당사자들 사이에 은밀하게 이뤄지니 절대 드러나지 않을 것 같지만 담합으로 적발되는 사례는 무수히 많습니다. 담합에 참여했던 사람들이 스스로 담합 사실을 실토하기도 하고 공정거래위원회가 철저한 조사를 통해 밝혀내기도 합니다.

담합에 대한 대표적인 제재는 과징금(課徵金)입니다. 과징금은 행정법상 의무위반에 대한 제재로 과하는 금전적 부담인데, 불법적인 행동에 대해 돈을 낸다는 점에서 벌금과 유사합니다(물론 벌금은 형사처벌이고 과징금은 행정적인 제재라는 차이점은 있습니다).

과징금 액수는 관련 매출액의 20% 범위 내에서 여러 사정을 고려하여 공정거래위원회가 정합니다.[1] 이익(수익)의 20% 이내

---

1 독점규제 및 공정거래에 관한 법률(약칭: 공정거래법) 제43조

가 아니라 매출액의 20% 이내라는 점을 눈여겨봐야 합니다. 상당한 규모의 과징금을 내야 하는 것이죠. 실제로 공정거래위원회는 2021년 현대제철을 비롯해 철근을 생산하는 제강사 7곳이 고철(古鐵) 구매 가격을 8년간 담합했다는 이유로 총 3,000억 원에 달하는 과징금을 부과했습니다. 아무리 대기업이라고 해도 수백억 원 혹은 수천억 원의 과징금을 내려면 부담이 큽니다.

정부나 공공기관이 발주한 입찰에서 담합을 하면 다른 입찰에 참가할 수 있는 자격도 제한됩니다. 정부나 공공기관은 계약과 관련하여 문제를 일으킨 회사는 입찰 참가자격을 제한하고, 이를 실무적으로 부정당업자 제재(不正當業者 制裁)라고 부릅니다.[2] 입찰이 제한되는 기간은 최대 2년인데, 그 기간 동안 공공기관이 발주하는 입찰에 참가할 수 없어 사업 기회를 잃게 되니 기업으로서는 큰 타격입니다. 기업들은 과징금보다 부정당업자 제재를 더 두려워하는 경향이 있습니다. 과징금은 돈으로 해결할 수 있지만 입찰에 참가하지 못하면 개점휴업 상태에 내몰리기 때문이죠.

과징금과 부정당업자 제재가 끝이 아닙니다. 입찰로 인해 손해를 본 측은 담합을 한 회사들을 상대로 손해배상을 청구할 수도 있습니다. 만약 담합이 없었다면 더 낮은 가격으로 제품이나

---

2   국가를 당사자로 하는 계약에 관한 법률 제27조

서비스를 공급받을 수 있었는데, 담합 때문에 더 높은 가격을 지불했으니 그 차액만큼을 손해배상해야 하는 것이죠.

담합은 형사처벌의 대상이기도 합니다. 담합을 하면 3년 이하의 징역 또는 2억 원 이하의 벌금에 처해질 수 있습니다. 또한 담합 사실이 알려지면 기업 이미지가 훼손되는 무형의 피해도 입게 됩니다.

이미 저질러진 담합, 어떻게 수습할까

담합은 절대 해서는 안 되는 행동입니다. 경쟁회사와 의사소통을 할 때는 담합으로 비춰지는 행동을 하지 않도록 매우 조심해야 합니다. 혹시라도 일반적인 회의 과정에서 담합에 관한 이야기가 나오면 반대 의사를 공개적으로 표시하고, 그 회의에서 벗어나는 게 바람직합니다.

이렇듯 담합을 하지 않는 게 가장 바람직하지만 결과적으로 담합이 일어났을 때는 이를 잘 수습하는 게 중요합니다. 우선적으로 고민해봐야 할 부분은 자진신고입니다. 자진신고는 담합 사실을 공정거래위원회에 자발적으로 알리는 걸 말합니다. 실무적으로는 자진신고를 리니언시(Leniency)라고 부르는데, 범죄를 저지른 뒤에 자수하는 것과 비슷합니다. 자진신고를 하면 과징금이 줄어들고 경우에 따라서는 아예 과징금이 면제될 수 있습니다. 또한 형사처벌을 받지 않을 수 있습니다.

여기에서 중요한 건 자진신고를 하는 시기입니다. 다른 업체들보다 먼저 자진신고를 해야 하고, 뒤늦게 자진신고를 하면 혜택을 받을 수 없습니다. 당초에는 가장 먼저 자진시고를 한 1순위 신고자에게만 신고의 혜택을 부여했는데, 공정거래위원회는 2021년 6월 2순위 신고자에게도 과징금 감면 등의 혜택을 줄 수 있도록 제도를 개편했습니다. 다른 회사보다 먼저 해야 혜택이 커진다는 점에서 자진신고 제도는 일종의 눈치게임인데, 신고 시기가 늦어지지 않도록 전략을 잘 세워야 합니다.

먼저 신고하지 않았더라도 자료를 적극적으로 제시하거나 조사에 협조하면 제재 수위를 낮출 수 있습니다. 일반적인 형사 사건도 마찬가지지만 「공정거래법」 위반 사건에서도 일단 잘못이 발각되면 최대한 낮게 엎드리는 게 현명한 전략입니다. 괘씸죄에 대한 명문의 법규정은 없지만, 조사에 비협조적인 태도로 일관하는 사람에게 더 강한 제재가 이뤄지는 게 현실이기 때문입니다.

한편 공정거래위원회가 담합으로 판단을 내렸다고 해서 모두가 담합인 건 아닙니다. 공정거래위원회도 실수를 할 때가 있거든요. 결과만 놓고 보면 담합처럼 보이지만 실제로는 담합을 하지 않은 경우도 있습니다. 선두 업체의 전략을 후순위 업체가 모방하는 게 대표적인 사례입니다. 예컨대 휴대전화 요금제는 회사와 무관하게 비슷합니다. 그런데 이건 이동통신 회사들이 모여서 가격에 대해 합의한 결과라기보다는 한 업체가 신규 요금제를 출시하면 다른 회사들이 이와 비슷한 요금제를 따라서 출시하기 때문에 생기는 일입니다. 이렇게 담합처럼 보이지만 담합이 아닐 때에는 공정거래위원회에 적극적으로 반박해야 합니다.

김변의 정리

담합은 경쟁을 제한하여 소비자와 경제 전체에 해를 끼치므로 법이 엄격하게 금지하고 있습니다. 특히 입찰에 참가하면서 경쟁회사와 입찰가격 등에 대해 논의하는 입찰담합을 조심해야 합니다.

담합을 하면 과징금이 부과되고 부정당업자 제재를 당해 공공기관의 입찰에 참여할 수 없게 됩니다. 민사소송을 당해 손해배상을 해야 할 수도 있고, 때로는 형사처벌을 받기도 합니다.

담합을 하지 않는 게 최선이지만 담합이 일어났다면 자진신고 제도를 이용하는 대응 방안을 고민해봐야 합니다. 이때 신고 시기가 늦어지지 않도록 유의해야 하고 적극적으로 조사에 협조하는 것도 필요합니다.

case 20

기업의 생명줄인
영업비밀이 침해당했다면

사례

임습도 씨가 운영하는 회사의 주력 상품은 가정용 가습기입니다. 임습도 씨는 기존 제품의 단점을 보완하고 새로운 성능을 포함한 신제품을 개발하기로 결정했고 상당한 예산도 배정했습니다.

신제품 개발은 1년이 넘게 걸렸습니다. 수차례의 시행착오 끝에 마침내 원하던 제품이 완성되었습니다. 그런데 임습도 씨 회사 제품이 출시되기 직전에 경쟁사가 거의 비슷한 제품을 먼저 선보이는 일이 생기고 말았습니다.

'아무리 생각해도 이상해. 이건 우리가 1년 동안 비밀리에 개발한 기

술인데…'

독창적인 기술을 사용한 제품이 거의 비슷한 시기에 나오는 게 아무래도 이상했던 임습도 씨가 조사를 해보니 범인은 회사 직원 장설계 씨라는 게 밝혀졌습니다. 장설계 씨는 회사의 연구소 개발부 부장으로 일하면서 제품개발 및 설계일을 담당해오던 직원이었는데, 그가 경쟁사로부터 거액의 돈을 받고 신제품의 설계도면을 경쟁사에 몰래 넘겼던 것이죠.

회사에 막대한 손해를 입힌 장설계 씨에 대해 임습도 씨는 어떤 조치를 취해야 할까요?

무엇보다 중요한 영업비밀

유명 맛집을 소개하는 TV프로그램을 보면 가게 주인이 나와서 재료와 제조 과정을 상세하게 소개해주는 일이 많습니다. 그런 장면을 볼 때마다 우리는 생각하죠.

'저렇게 중요한 걸 왜 모두 공개하는 거야?'

하지만 맛의 비법을 모두 공개하는 건 아닙니다. 음식 맛을 결정하는 특제소스라든지 정말 중요한 비법은 공개하지 않습니다. 그것이 가게가 인기를 끄는 핵심적인 영업비밀이니까요.

맛집에 특제소스가 중요하듯이 기업은 자신들이 보유한 기술력이 무엇보다 중요합니다. 회사 매출을 좌우하기 때문이죠. 고객은 그 회사가 만든 제품에 만족할 때에만 계속 그 제품을 구매하니까요. 각 기업이 당장 성과로 이어지지 않더라도 연구개발(R&D) 분야에 계속 투자하는 이유도 그만큼 제품의 기술력이 중요하기 때문입니다.

이렇듯 온갖 노력으로 공들여 기술을 개발하거나 소중한 정보를 모아두었는데, 이걸 누군가 몰래 가져가서 이용한다면 그것만큼 억울한 일이 없습니다. 억울함에서 그치는 것이 아니라 영업비밀을 침해당한 회사는 막대한 경제적 손실까지 입게 되죠. 그뿐만이 아닙니다. 영업비밀 침해는 산업계 전반에 부정적 영향을 미치는데, 손쉽게 다른 회사의 영업비밀을 가져올 수 있다면 굳이 오랜 시간과 비용을 들여 기술개발에 열을 올릴 이유가 없기 때문입니다.

그래서 우리 법은 회사의 중요한 정보를 두 가지 방법으로 보호하고 있습니다. 하나는 「특허법」에 의한 보호이고 다른 하나는 「부정경쟁방지 및 영업비밀보호에 관한 법률」(약칭: 부정경쟁방지법)에 의한 보호입니다.

특허와 영업비밀은 비슷하지만 완전히 똑같지는 않습니다. 특허법이 보호하는 건 발명입니다. 발명은 자연법칙을 이용하여 기술을 향상시킨 것을 말합니다. 예를 들어 드론의 비행 기술을 향상시키는 기술을 개발하는 것이 발명입니다. 특정 발명이 산업적으로 이용할 수 있고 새로운 것일 뿐 아니라 기존 기술보다 더 진보되었다면 해당 기술을 공개하는 대가로 일정 기간 독점적이고 배타적인 권리로 보호받을 수 있는데, 이런 권리가 바로 특허권(特許權)입니다.

이에 반해 영업비밀(營業祕密)은 공공연히 알려져 있지 않고 독립된 경제적 가치를 가지는 것을 말하는데, 특허보다 범위가 더 넓은 편입니다. 영업비밀은 기술적 정보뿐 아니라 경영정보까지 포함합니다. 예컨대 신제품 생산방법, 판매방법, 그 밖에 영업활동에 유용한 개발과 관련된 사업계획서, 개발비용 및 개발인력, 자재관리 내역, 부품리스트 및 단가 정보 등은 발명은 아니지만 경영정보로서 영업비밀이 될 수 있습니다.

영업비밀로 법의 보호를 받는 방법

법률상 영업비밀로 보호를 받으려면 세 가지 요건을 갖춰야 합니다.

첫째, 비밀성입니다. 영업비밀은 '공공연하게 알려지지 않은' 상태여야 합니다. 이미 해당 산업 내에서 널리 알려져 있는 정보는 비밀이 아니죠. 비밀성을 다른 말로 비공지성(非公知性)이라고 표현하기도 합니다.

그러나 여기서 유의할 점이 있습니다. "구슬이 서 말이라도 꿰어야 보배"라는 말이 있듯이 정보를 어떻게 조합하는지도 중

요합니다. 인터넷으로 쉽게 입수가능한 정보를 포함하더라도 일반인에게 알려지지 않은 정보와 결합했을 때 유용하게 활용될 수 있다면 영업비밀에 해당합니다.

한 가지 예를 들어볼까요? 식자재 유통회사에서 근무하던 한 직원이 퇴사하기 직전에 영업 관련 문서파일들을 외부로 전송했습니다. 그 직원은 "인터넷에서 쉽게 얻을 수 있는 정보여서 비밀성이 없고 영업비밀이 아니다"라고 주장했지만, 법원의 판단은 달랐습니다. 그 직원이 유출한 파일에 인터넷을 통해 입수할 수 있는 식자재 수요업체의 주소와 연락처, 식자재 영업에 관한 상식 등이 있는 건 사실이었습니다. 하지만 그뿐 아니라 회사의 영업대상이 되는 고객 명단, 거래처별 거래 가격, 매출액, 영업이율, 결제 조건, 채권자의 장래 판매 계획, 제품개발 계획 등 영업 방법과 영업 전략에 대한 정보가 결합되어 있었고, 법원은 이러한 정보는 일반인에게 알려지지 않은 것이라 영업비밀에 해당한다고 판결했습니다.[1]

둘째, 경제적 유용성입니다. 영업비밀은 말 그대로 '영업'에 관한 비밀이기 때문에 경제적 관점에서 이득이 없다면 영업비밀이 아닙니다. 예컨대 당황스러운 순간에 고요함을 유지하는 방법 같은 건 유용한 정보이기는 하나, 이 정보를 이용해서 당장

---

1   서울북부지방법원 2014. 7. 24. 선고 2014카합20025 결정

3장 | 경영하다 보면 한번은 겪게 되는 분쟁 사건

경제적 이득을 얻을 수는 없으므로 영업비밀이라고 볼 수 없습니다.

그렇다면 경제적 유용성은 어떻게 판단할 수 있을까요? 영업비밀을 사용하여 생산비를 절감하거나 판매를 보다 효율적으로 수행하여 경제적인 이익을 얻을 수 있다면 경제적 유용성이 인정됩니다. 가격, 품질, 매출 등에서 경쟁회사보다 경쟁력을 향상시키는 데 도움이 되는 경우에도 독립된 경제적 가치가 인정됩니다. 또한 정보를 사용하는 데 대가를 지급하거나 정보를 얻기 위해 상당한 노력과 비용을 투입하여 독자적인 개발을 했다면 경제적 가치가 인정될 가능성이 높습니다.

경제적 유용성에 관해 유의할 점은 실패한 기술도 경제적 유용성을 가질 수 있다는 점입니다.[2] 실패도 나름의 의미가 있습니다. 실험으로 원하는 결과를 얻지 못했더라도 그 정보가 있으면 시행착오를 줄일 수 있고, 자신의 제조공정 등과 비교·보완함으로써 다른 회사보다 유리하게 출발하거나 시간을 절약할 수 있기 때문입니다.

셋째, 비밀관리성입니다. 영업비밀을 보호하기 위한 합리적인 노력을 해야 합니다. 회사조차 아무런 관리를 하지 않는다는 건 그 정보를 굳이 보호할 필요가 없다고 보는 것이죠. 합리적인

---

2 서울중앙지방법원 2015. 2. 5. 선고 2011가합117339

노력이란 어떤 걸 말할까요? 우선 그 정보가 영업비밀이라는 사실을 명시적으로 표시하는 게 좋습니다. 컴퓨터 파일에 비밀번호를 설정하거나 중요 서류를 별도 창고에 보관하고 잠금 장치를 달아서 정보에 접근할 수 있는 방법을 제한해야 합니다. 그리고 그 정보에 접근할 수 있는 권한을 일부 직원에게만 주고 해당 직원들에게 비밀유지서약서를 작성하게 만들어 비밀준수 의무를 부과하는 것도 필요합니다.

영업비밀을 침해당했다면

영업비밀이 침해되었을 때의 가장 기본적인 권리구제 수단은 금전적 배상을 청구하는 겁니다. 영업비밀을 침해하여 손해를 입힌 자는 당연히 손해를 배상할 책임을 지기 때문입니다. 이때의 손해는 실제로 지출된 비용(영업비밀의 침해행위를 조사하기 위해 지출한 비용, 침해의 제거나 방지를 위하여 지출한 비용, 변호사 비용)뿐 아니라 장래 얻을 수 있는 이익의 상실도 포함합니다. 즉 영업비밀을 사용한 제품 판매를 통해 얻을 수 있었던 이익도 손해인 겁니다.

정신적 고통에 대한 손해배상을 위자료(慰藉料)라고 하는데, 일반적으로 재산권 침해에 대해서는 위자료가 잘 인정되지 않습니다. 재산적 손해를 배상받으면 정신적 고통도 회복된다고 보기 때문입니다. 하지만 재산권 침해 사건에서도 간혹 위자료가 인정됩니다. 재산적 손해를 배상하는 것만으로는 영업비밀 보유자의 정신적 손해를 모두 회복할 수 없고, 영업비밀 침해자가 그러한 사정을 알았을 경우가 바로 그렇습니다.[3]

금전적 배상뿐 아니라 침해행위를 금지해달라는 청구도 가능합니다. 경쟁회사가 우리 회사의 영업비밀을 침해하여 신제품을 판매 중이라면 그러한 판매를 금지해달라고 요구하는 것이죠. 금지청구뿐 아니라 예방청구도 가능하므로, 아직 침해행위가 일어나지 않았더라도 침해행위가 일어날 가능성이 높으면 (달리 말해 경쟁사의 제품 출시가 임박했다면) 미리 금지시키는 것도 가능합니다.

영업비밀을 이용하는 걸 금지하는 것 자체가 의미 있지만 그런 방법으로는 충분하지 않습니다. 경쟁회사가 영업비밀을 보유하고 있으면 또다시 침해행위를 하거나 몰래 활용할 수 있기 때문이죠. 이를 예방하려면 금지·예방청구를 하면서 침해행위와 관련된 물건을 아예 폐기하거나 침해행위에 제공된 설비를 제거할 것을 함께 요구하는 게 효과적입니다.

영업비밀은 회사 직원이 다른 곳으로 이직하면서 유출되는 경우가 많습니다. 이렇게 기존 직원이 경쟁회사로 직장을 옮기면

---

3 대법원 1996. 11. 26. 선고 96다31574 판결

서 영업비밀을 유출했을 때는 이직을 제한하는 전직금지가처분을 신청할 수 있는데, 전직금지에 대한 보다 상세한 내용은 2장 '직원이 경쟁사로 취업했을 때는 이렇게'를 참고하기 바랍니다.

김변의 정리

임습도 씨는 경쟁사로 영업비밀을 빼돌린 장설계 씨를 처벌받게 할 수 있습니다. 영업비밀은 여러 방법으로 법의 보호를 받고 있기 때문이죠. 영업비밀은 경영정보도 포함하고 있어 일반적으로 특허보다 더 넓은 개념입니다.

영업비밀로 인정되려면 그것이 널리 알려지지 않아야 하고(비밀성), 경제적 가치가 있어야 하며(경제적 유용성), 비밀로 관리되어야(비밀관리성) 합니다.

영업비밀을 침해당했다면 손해배상을 청구하거나 침해행위 금지를 요구할 수 있습니다. 또한 침해행위 관련 물건을 폐기하도록 청구하거나 전직금지를 신청하는 것도 피해를 최소화하기 위한 방안입니다.

4장

계약서 문장 하나로
회사가
뿌리째 뽑힌다

case 21

막대한 손해배상 비용을
모두 뒤집어쓰지 않으려면

사례

김준비 씨는 도시락을 만들어서 판매하는 회사를 운영하고 있는데, 주로 회사의 구내식당에 납품합니다. 그러던 어느 날 김준비 씨 회사의 도시락을 납품받은 회사 직원들이 식중독 증상을 보이며 병원에 실려 갔습니다.

김준비 씨 회사는 식중독 피해를 입은 직원들에게 진지하게 사과했고 손해배상도 했습니다. 손해배상금에는 병원치료비뿐 아니라 위로금도 포함되어 있어서 그 액수가 상당했습니다. 더 큰 손해는 이 일로 계약이 해지되어 납품까지 끊겼다는 것이었죠. 식중독 사건으로 막대한 손해를 입게 된 것입니다.

김준비 씨는 앞으로 이런 불미스러운 일이 다시는 생기지 않도록 식중독이 생긴 원인을 면밀히 찾아보았습니다. 조사해보니 도시락 반찬 중 계란말이가 문제였습니다. 그런데 계란말이는 김준비 씨 회사에서 만든 음식이 아니라 최식중 씨 회사에서 공급받은 것이었습니다. 김준비 씨는 최식중 씨 회사에 손해를 배상해달라고 요구했습니다.

그런데 김준비 씨 회사가 최식중 씨 회사로부터 받은 손해배상액은 아주 적은 액수에 불과했습니다. 김준비 씨 회사가 피해자들에게 지급한 돈의 10%에도 못 미치는 돈이었죠. 이런 일이 벌어진 이유는 계약서의 손해배상 조항 때문이었습니다. 계약서에 최식중 씨 회사의 손해배상 액수를 제한하는 조항이 있었던 겁니다.

식중독 사건의 피해를 고스란히 떠안게 된 김준비 씨는 억울하고 속상한 마음에 밤잠도 이루지 못하고 있습니다.

손해에 대비하자

계약을 체결한다는 건 새로운 거래를 시작한다는 의미입니다. 거래를 새롭게 시작할 때에는 거래가 성공적으로 진행되어 얻게 될 이익을 먼저 떠올리기 쉽습니다. 물론 무탈하게 거래가 끝나는 일이 많지만 그렇지 않은 경우도 적지 않다는 게 문제입니다. 그래서 계약을 체결할 때는 발생할 수 있는 위험을 미리 생각하여 그에 대한 대비책을 계약서에 미리 반영해두어야 합니다.

손해배상 조항은 상대방이 계약을 어겨 손해가 발생한 경우를 대비한 조항입니다. 일반적으로 쓰이는 손해배상 조항은 다음과 같습니다.

> **〈예시 1〉**
> 제○조(손해배상) 계약의 일방 당사자가 이 계약을 위반하여 상대방에게 손해를 입힌 경우에 그 손해를 배상할 책임이 있다.

〈예시 1〉은 흔히 사용되는 문구이지만, 이처럼 손해배상 조항을 정해 놓으면 한 가지 문제가 있습니다. 실제 손해가 얼마인지를 둘러싸고 분쟁이 생길 가능성이 크다는 점입니다. 손해액을 정하는 건 쉬워 보이지만 실제로는 그렇지 않습니다. 손해가 얼마나 발생했는지 산출하는 것도 어렵고, 손해액수를 산출해낸다고 해도 그게 전부 상대방의 잘못 때문에 생긴 손해인지도 가려야 하기 때문입니다.

이런 문제를 예방하기 위해서 배상해야 할 손해액을 미리 정해두는 경우가 있고, 이걸 손해배상액의 예정(損害賠償額의 豫定)이라고 부릅니다. 손해배상액을 미리 정해두는 건 생각보다 흔합니다.

부동산 거래 계약을 할 때 일반적으로 전체 거래 대금의 10%

를 계약금으로 내는데, 이 계약금의 법적 성질도 손해배상액의 예정입니다. 부동산의 매수인이 계약을 체결한 뒤 계약을 파기하면 계약금을 돌려받지 못하고 계약금은 매도인이 가집니다. 매도인이 계약금을 가질 수 있는 법적인 근거는 계약 파기로 인해 손해배상액을 전체 거래 금액의 10%로 미리 정해두었기 때문입니다. 그러니 매도인에게 실제로 손해가 얼마나 생겼는지 굳이 따질 필요가 없는 것이죠.

계약기간 내에 계약상의 의무를 정해놓고 그 의무를 이행하지 않았을 때 지급하는 금액이 바로 지체상금(遲滯償金)입니다. 정해진 납품기한을 어겼을 때 내는 돈이 지체상금인데, 지체상금도 일종의 손해배상액의 예정입니다.[1]

〈예시 2〉
제○조(지체상금) A가 B에게 기한 내에 계약물품을 제공하지 못하면 A는 B에게 지체상금을 지급한다. 이때 지체상금은 다음과 같이 계산한다.
지체상금: 계약대금 × 지체일수 × 지체상금율(0.1%)

---

1   대법원 1997. 10. 28. 선고 97다21932 판결

손해배상액을 줄이기 위한 방법

계약상 의무를 지키지 못했을 때에는 손해배상을 해야 하는 게 원칙입니다. 하지만 손해배상액이 과도하면 손해배상책임을 부담하는 쪽은 사업상 큰 타격을 받습니다. 이럴 때에는 손해배상액을 줄이는 게 중요한데, 손해배상액을 줄이기 위해 계약서에 미리 반영해두면 좋은 세 가지 방법이 있습니다(반대로 손해배상을 받아야 하는 입장에서는 이런 조항이 들어가는 것을 막아야 합니다).

첫째, 손해배상액의 상한을 정해두는 방식입니다. 이건 앞서 언급한 손해배상액의 예정과 유사합니다. 손해배상할 액수를 미리 정해두면 정해둔 금액만큼 받는 게 원칙이고, 그 이상을 받을 수는 없습니다. 다음과 같은 조항이 대표적인 경우입니다.

〈예시 3〉
계약의 일방 당사자가 이 계약을 위반하여 상대방에게 손해를 입힌 경우에 그 손해를 배상할 책임이 있다. 단, 손해배상액은 계약대금의 100%로 정하며, 그 이상의 손해에 대해서는 배상책임을 부담하지 않는다.

둘째, 손해배상을 하는 경우를 제한하는 것입니다. 계약을 어기는 방식은 크게 고의와 과실로 구별할 수 있는데, 고의는 일부러 어기는 것이고, 과실은 실수로 어기는 것입니다. 그런데 법학에서는 과실을 둘로 나누는데, 하나는 중과실이고 다른 하나는 경과실입니다. 중과실은 조금만 주의를 기울였더라면 막을 수 있었던 실수이고, 경과실은 사소한 실수입니다. 잘못의 정도로 따지면, 고의>중과실>경과실인 셈입니다. 아래의 예시와 같이, 고의 또는 중과실일 때에만 손해배상을 한다고 정해두면 경과실로 발생한 손해는 배상하지 않아도 되어서 매우 유리합니다.

〈예시 4〉
계약의 일방 당사자가 고의 또는 중과실로 이 계약을 위반하여 손해를 입힌 경우 그 손해를 배상할 책임이 있다.

셋째, 면책사유를 설정해두는 겁니다. 면책사유(免責事由)는 말 그대로 잘못을 했더라도 책임지지 않아도 되는 사유를 말합니다. 일반적으로 사용되는 면책사유는 전쟁, 천재지변과 같은 불가항력이 발생한 경우입니다. 하지만 꼭 불가항력만 면책사유가 되는 건 아닙니다.

〈예시 5〉
계약의 일방 당사자가 이 계약을 위반하여 손해를 입힌 경우 그 손해를 배상할 책임이 있다. 다만 전쟁, 천재지변, 법령의 변화, 정부의 규제, 법원의 결정(판결), 노동쟁의 등 합리적으로 예견하거나 통제하기 어려운 사유로 인해 계약을 위반한 때에는 그 책임을 면한다.

계약서에 손해배상액을 반영하지 못했을 때

계약서에 손해배상액을 제한하는 조항을 미리 반영해두는 게 최선이지만 그게 어려울 때도 많습니다. 계약서의 내용을 어떻게 구성할지는 역학관계에 따라 달라지기 때문입니다. 아무래도 '갑'의 위치에 있는 쪽이 주도권을 잡고 있어서 상대적으로 약자인 '을'은 '갑'의 요구에 따라 계약서를 작성할 수밖에 없는 일이 허다합니다. 미처 계약서에 손해배상액을 제한하는 조항을 넣지 못했는데, 손해배상을 해야 할 상황에 처했을 때 활용할 수 있는 방법 두 가지는 다음과 같습니다.

첫째, 상대방의 잘못을 찾아내는 것입니다. 가만히 있는 차를 뒤에서 박지 않는 이상 교통사고에서 100:0의 과실비율은 잘 나오지 않습니다. 마찬가지로 계약위반에서도 한쪽이 일방적으로 잘못한 경우보다는 상대방에게도 어느 정도 잘못이 있는 사례가 많습니다. 이럴 때에는 상대방도 실수를 했고, 그 실수 때문에 손해가 확대되었다는 점을 밝히면 손해배상액수를 줄일 수 있습니다. 이렇게 손해배상액을 정할 때 상대방의 과실로 인한 부분을 감안하는 걸 과실상계(過失相計)라고 합니다.[2]

둘째, 손해배상액이 부당하게 과도하다는 점을 밝히는 겁니

---

2 민법 제396조
3 민법 제398조 제2항
4 대법원 2004. 12. 10. 선고 2002다73852 판결

다. 법은 원칙을 중시하지만 법에도 인정이란 게 있습니다. 계약을 어긴 쪽이 손해배상을 하는 게 원칙이지만, 그 손해배상액이 지나치게 많다면 법원은 손해배상액을 어느 정도 줄여서 일부만 배상하라고 판결합니다.[3] 그럼 '부당하게 과다'한지를 가리는 기준은 뭘까요?

법원은 계약 당사자의 지위, 계약의 목적 및 내용, 손해배상액을 미리 정해둔 동기, 채무액에 대한 예정액의 비율, 예상손해액의 크기, 그 당시의 거래관행 등 종합적으로 고려합니다.[4]

김변의 정리 ⚖️

사업을 하다 보면 어떤 일이 벌어질지 모릅니다. 김준비 씨처럼 예상 못한 일로 곤란한 상황에 빠지지 않으려면 문제가 일어났을 때 손해배상액을 어떻게 산정해야 하는지 계약서에 기재해두어야 합니다.

계약 위반 시 손해배상을 하는 게 원칙인데, 손해액을 정확하게 산정하는 불편을 피하기 위해 손해배상액을 미리 정해두는 경우가 많고, 지체상금도 그러한 사례입니다. 과도한 손해배상책임을 부담하지 않으려면 손해배상액의 상한을 정하고 손해배상하는 경우를 제한하고 면책사유를 폭넓게 정해두는 게 좋습니다. 만약 그게 어렵다면 상대방에게도 과실이 있고 손해배상액이 부당하게 과도하다고 주장해야 합니다.

case 22

계약서에 당사자 표시를
잘못하면 생기는 일

사례

이억울 씨는 조립용 PC를 제작해서 납품하는 사업을 하고 있습니다. 경기 불황으로 회사 운영에 어려움을 겪고 있던 중에 반가운 소식을 들었습니다. PC 100대를 한꺼번에 주문하겠다는 발주 연락을 받은 겁니다.

주문을 한 곳은 평소 알고 지내던 회사의 임원 김대금 씨였는데, 계약서도 그가 직접 작성했습니다. 이억울 씨는 부지런히 제품을 생산하여 납품을 모두 마쳤습니다.

그런데 물품 대금을 받을 무렵에 큰 문제가 생겼습니다. 회사에 연락해보니 담당자가 제품을 주문한 적이 없으니 돈을 줄 수 없다는 것이었습니다.

"계약을 하셨다는 김대금 씨는 이미 퇴사했습니다. 우리는 그런 계약이 진행되고 있었는지도 몰랐고요."

청천벽력 같은 말에 이억울 씨는 김대금 씨에게 연락했지만, 그는 아예 연락조차 받지 않았습니다. 이억울 씨는 다시 회사에 연락했습니다.

"어쨌든 저는 그 회사와 계약을 체결했고 계약서에 회사 이름까지 기재되어 있으니 회사가 책임져야 하지 않나요?"

하지만 회사는 완강했습니다.

"계약을 체결할 당시 김대금 씨는 이미 퇴사한 상태였습니다. 계약서에 대표이사의 성명이나 회사 인감도 없는데 우리가 왜 책임을 져야 하나요?"

누구와 계약을 맺어야 하나

법에서 말하는 사람은 두 가지 유형이 있습니다. 첫 번째는 우리가 인간이라고 부르는 보통의 사람인데, 이걸 법학에서는 자연인(自然人)이라고 부릅니다. 두 번째는 인간은 아니지만 법적으로 인간과 비슷하게 보는 존재 법인(法人)입니다. 회사가 대표적인 법인이죠.

법인의 특징은 권리능력을 가진다는 겁니다. 쉽게 말해 법인

(회사)은 보통의 사람(자연인)과 마찬가지로 권리를 가질 수 있고 의무도 부담합니다. 그러니 회사 명의로 부동산을 보유할 수 있고 회사 수입에 대한 세금도 내야 합니다. 권리능력이 있으니 회사 명의로 계약을 체결하는 것도 가능하죠.

굳이 법인이라는 제도를 만든 이유는 법률관계를 간편하게 처리하기 위해서입니다. 만약 법인이라는 제도가 없다면 회사는 계약을 할 수 없고 계약은 회사의 구성원이 개별적으로 체결해야 합니다. 예를 들어 회사에서 단체로 여행을 갈 때 회사 명의로 버스를 빌리지 못하니 여행 가는 직원들이 버스회사와 따로 계약을 해야 합니다. 무척 불편할 수밖에 없죠.

회사가 권리능력을 가지면 편리성이 높아지지만, 회사는 눈에 보이는 실체가 없기에 회사 자체가 계약 체결 같은 구체적인 행동을 직접 할 수는 없습니다. 그래서 회사를 대표해서 실제적인 활동을 하는 사람이 필요한데, 그게 바로 대표이사입니다.

흔히 회사의 최고경영자를 회장 혹은 사장으로 부릅니다. 그러나 회장이나 사장은 일상적으로 부르는 용어이고 정식 법률용어는 아닌데, 법적으로는 대표이사가 정확합니다. 대표이사는 말 그대로 회사를 대표해서 회사에 관한 업무를 처리하는 사람을 말합니다.

따라서 회사와 계약을 체결할 때에는 대표이사와 체결해야 합니다. 대표이사가 아닌 사람과 계약을 체결했을 때 발생할 수 있는 가장 큰 문제는 계약의 효력이 회사에 미치지 않을 수 있다는 점입니다.

예를 들어 A회사가 B회사에 물건을 대량으로 납품하는 물품 공급 계약을 체결하면서 계약서에 대표이사가 아닌 다른 사람의 이름을 기재한 상황을 가정해보겠습니다. 이때 B회사가 "회사를 대표할 수 있는 사람(대표이사)이 아니라 다른 사람이 계약을 체결해서 물품 공급 계약은 회사에 효력이 없으니 물품 대금을 줄 수 없다"라고 주장할 수도 있는 겁니다. B회사는 계약서에 이름이 기재된 사람에게 책임을 물을 수 있지만, 그 개인이 계약을 제대로 이행하기는 어려울 가능성이 높습니다.

계약서 쓸 때 이것만은 조심하자

계약서에 계약의 당사자를 제대로 적는 건 매우 기본적인 일입니다. 회사명, 주소, 대표이사 성명 등을 기재하고 회사의 도장(인감)을 찍어야 합니다. 아래 〈예시〉를 참고하기 바랍니다.

〈예시〉
주식회사 ○○○○
서울시 ○○구 ○○로 456
대표이사 나경영 (인)

계약의 당사자는 회사가 되는 게 원칙이고 회사의 특정 부서를 기재하지 않도록 해야 합니다. 즉 '주식회사 ○○○○'이라고 기재해야지, '주식회사 ○○○○ 경영관리팀'이라고 기재하면 안 됩니다. 경영관리팀처럼 특정 부서는 법인이 아니어서 권리나 의무의 주체가 될 수 없기 때문입니다.

　회사의 사명(상호)을 정확하게 기재하도록 유의해야 합니다. 계약서에는 회사의 공식적인 사명을 적어야 하는데, 회사의 공식적인 사명은 법인등기부등본(등기사항전부증명서)을 통해서 확인할 수 있습니다. 부동산의 소유자 등 법적인 권리관계가 부동산등기부등본에 잘 나타나 있듯이 회사의 사명, 사업 목적 등 중요한 사항은 법인등기부등본에 표시됩니다. 법인등기부등본은 대법원 인터넷등기소(www.iros.go.kr)를 통해 발급받을 수 있으니, 계약을 하기 전에 법인등기부등본을 떼어보는 게 좋습니다.

　한편 '주식회사'라는 단어가 앞에 붙기도 하고 뒤에 붙기도 하는데, 주식회사가 붙는 위치에 따라 전혀 다른 회사가 될 수도 있습니다. '주식회사 ○○○○'와 '○○○○ 주식회사'는 다른 회사일 수도 있으니 등기부등본에 기재되어 있는 대로 계약서를 쓰는 게 안전합니다.

　등기부등본에는 사명 이외에 주소와 대표이사도 기재되어 있으니, 등기부등본에 나와 있는 대로 계약서에 쓰면 됩니다. 이때 계약 시점을 기준으로 계약서에 기재된 사람이 그 회사의 대표이사가 맞는지 확인해야 합니다. 간혹 대표이사에서 물러난 사람이 마치 현재 대표이사처럼 행세해서 문제가 되는 경우가 있기 때문입니다.

대표이사의 성명 뒤에는 대표이사가 서명을 해도 되지만, 일반적으로 회사의 도장을 찍습니다. 계약서에는 회사의 공식 도장 법인인감(法人印鑑)을 찍고 법인인감증명서를 첨부하는 것이 가장 정확하고 안전한 방법입니다. 하지만 회사의 규모가 큰 곳은 매번 법인인감을 찍기가 불편해서 법인인감 대신에 사용인감(使用印鑑)을 찍는 경우도 있습니다. 사용인감은 관할등기소에 신고되어 있지 않았다는 점만 다를 뿐 법인인감과 법적인 효력 차이는 없습니다.

대표이사가 두 명인 경우

대표이사는 보통 한 명이지만, 꼭 한 명만 대표이사가 될 수 있는 건 아니고 대표이사가 여러 명일 수도 있습니다. 대표이사가 여러 명일 때에는 계약을 체결할 때 더욱 유의해야 합니다.

대표이사가 복수일 때 대표권을 어떻게 행사하는지에 따라 두 가지 경우로 나눌 수 있습니다. 기본적인 형태는 각자대표이사 형태인데, 이건 말 그대로 대표이사가 각자 회사를 대표하는 걸 가리킵니다. 갑과 을이 각자대표이사라면 갑이 단독으로

　　　　　　　　　　　4장 | 계약서 문장 하나로 회사가 뿌리째 뽑힌다

계약을 체결할 수도 있고, 을이 혼자서 회사를 대표하는 행위를 해도 됩니다.

각자대표이사와 구분된 형태로는 공동대표이사가 있습니다. 공동대표이사는 두 명이 한 사람처럼 행동해야 법적인 효력이 발생하는 겁니다. 공동대표이사 제도는 두 명이 다리를 묶어서 달리는 2인 3각 경기라고 생각하면 이해가 쉽습니다.

그렇다면 왜 굳이 공동대표이사 제도를 두는 걸까요? 대표권 행사를 신중하게 하기 위해서입니다. 대표이사 서로가 서로를 견제해서 대표권을 함부로 사용하지 못하게 하는 것인데, 회사에 투자한 쪽이 여러 곳이고, 그들 사이의 투자 지분이 비슷할 때 주로 공동대표이사를 둡니다.

상대방 회사의 대표이사가 두 명이고 그들이 공동대표이사라면 계약서에 반드시 두 사람의 성명이 같이 들어가고 서명이나 날인도 두 대표이사가 모두 해야 합니다. 만약 둘 중 한 명이 단독으로 계약을 체결하면 그 계약은 원칙적으로 효력이 없습니다.[1] 계약서에 한 명의 대표이사만 포함되어 있더라도 예외적으로 다른 공동대표이사가 그러한 계약을 추인했다는 사정이 있으면 계약이 유효할 수 있지만, 다른 대표이사가 추인했다는 걸 밝히는 건 쉽지 않은 일입니다.

---

[1] 대법원 2017. 7. 11. 선고 2014다89355 판결

각자대표이사인지 공동대표이사인지를 확인하려면 법인등기부등본을 발급받으면 됩니다. 각자대표이사인 경우에는 단순히 '대표이사'라고 기재되지만, 공동대표이사인 경우에는 '공동대표이사'라고 표시됩니다.

김변의 정리 ⚖

회사는 법인격을 가지고 있어 권리나 의무의 주체이지만 직접적인 행동을 할 수는 없습니다. 그래서 계약 체결과 같은 구체적인 업무는 대표이사를 통해서 진행합니다.

계약서에는 회사명, 주소, 대표이사 성명을 정확하게 기재해야 하는데, 계약 체결 전에 법인등기부등본을 발급받아 확인해야 합니다. 또한 회사가 공동대표이사를 두고 있는 경우에는 계약서에 두 명의 대표이사가 모두 기재되어야 합니다.

모든 상황을 고려할 때 이억울 씨의 경우는 안타깝지만 법적으로 구제받는 게 쉽지 않습니다.

case 23
업무위탁계약서, 이렇게 써야 일의 마무리가 깔끔해진다

사례

김장인 씨는 간장게장을 만들어서 판매하는 회사를 운영하고 있습니다. 김장인 씨는 맛과 영양 면에서 자신의 회사 제품이 매우 뛰어나다고 생각하지만, 최근 들어 매출이 하향세를 보이고 있습니다. 경쟁사가 공격적인 마케팅을 하고 있기 때문입니다.

그래서 김장인 씨도 마케팅을 좀 더 강화하려고 마음먹었습니다. 그런데 문제는 김장인 씨가 요리에는 일가견이 있어도 마케팅 분야에는 전문성이 약하다는 점입니다. 더구나 김장인 씨 회사는 중소기업이라 마케팅 전담 조직도 없는 실정이죠.

자체적인 힘으로는 역부족이라는 걸 깨달은 김장인 씨는 마케팅 전문 업체를 섭외해서 일을 맡기는 게 좋겠다고 결정했습니다. 홈페이지도 새롭게 정비하고 인스타, 유튜브 등 인기 플랫폼에서 홍보활동도 활발하게 전개하고 싶습니다.

김장인 씨는 당장 실력이 뛰어난 마케팅 업체를 소개받아 계약을 체결하려고 했습니다. 그런데 막상 계약을 체결하려고 하니 어떤 내용이 계약서에 반영되어야 하는지 막막하기만 합니다.

업무를 맡길 때 이것만은 확실히

모든 업무를 회사 자체적으로 처리할 수도 있지만 일부 업무는 회사 외부에 맡기는 게 효율적일 때가 있습니다. 특히 법률, 세무, 광고 등 전문성이 필요한데 회사가 그 분야의 역량이 충분하지 않은 경우에는 외부의 도움을 받는 게 낫습니다. 이렇게 특정한 일을 다른 사람(회사)에게 맡기는 걸 업무위탁(業務委託)이라고 합니다. 물론 간단하게 말로 업무위탁을 하는 것도 가능합니다. 하지만 나중에 분쟁이 생기는 걸 방지하려면 업무위탁계약서를 작성하는 게 좋습니다.

업무위탁계약서에서 가장 중요한 것은 업무위탁의 내용입니다. 어떤 업무를 맡길 것인지 정해서 그 내용을 상세하게 계약서에 반영해야 합니다. 업무위탁계약에서 주로 문제가 되는 부분도 바로 업무위탁의 범위와 관련되어 있습니다. 일을 맡긴 쪽은 업무가 제대로 완성되지 않았다고 주장하고, 일을 맡은 쪽은 모두 마무리되었다고 맞서는 일이 비일비재합니다. 이런 경우는 대부분 계약서가 불분명하게 작성되어 있습니다.

예를 들어 광고 제작 업무를 맡길 때 단순히 'A는 B회사의 광고를 제작한다'라고만 기재하면 문제가 발생할 확률이 높습니다. 어떤 형태의 광고인지(온라인 광고인지 오프라인 광고인지), 광고는 총 몇 편을 제작해야 하는지, 영상 광고라면 길이는 얼마나 되는지 등 광고 업무에 관한 사항을 가능하면 아주 자세하게 기재하는 게 좋습니다.

업무를 맡기고 나면 그 결과물이 생기게 마련입니다. 이때 그 결과물이 누구의 소유인지 명확하게 정해두어야 합니다. 일을 맡긴 회사 입장에서는 업무의 결과물이 당연히 회사 소유라고 생각할 수 있지만 항상 그렇지는 않습니다.

외부업체에 홍보책자 제작을 위탁한 경우를 예로 들어볼까요? 위탁계약 당시 결과물에 대한 저작권이 누구에게 속하는지 미리 정해두지 않았다면 의뢰자는 계약을 한 범위 내에서 저작물을 사용할 권리나 홍보책자에 대한 소유권만을 갖고, 홍보책자에 사용된 저작물(사진, 그림 등)의 저작권은 창작자인 외부업체가 가질 가능성이 높습니다. 이런 경우에는 해당 홍보책자를 변형하거나 다른 업체에 추가 제작을 의뢰할 때 제약이 생길 수도 있습니다![1]

위탁 업무의 결과물에 대한 분쟁을 예방하려면 계약서에 미리 반영해두는 게 최선입니다. 업무를 맡긴 회사는 다음과 같은 문구를 기재하는 게 좋습니다.

> **〈예시〉**
> 제○조(결과물의 귀속) 본 계약에 따른 용역 결과물(보고서, 영상물 등을 포함하며 이에 한정하지 않는다) 및 용역 결과물에 대한 저작재산권 등을 포함한 일체의 지식재산권은 A회사의 소유로 한다.

맡긴 일이 제대로 마무리되도록 만드는 방법

업무위탁계약에서 일을 맡기는 쪽을 위탁자(委託者), 일을 맡아서 처리하는 쪽을 수탁자(受託者)라고 부릅니다. 업무위탁계약을 체결하기 전에는 수탁자에 비해 위탁자가 상대적으로 우위에 섭니다. 수탁자는 계약을 따내야 하는 입장이라서 아무래도 위탁자의 눈치를 볼 수밖에 없죠. 그런데 업무위탁계약이 체결되면 상황이 조금 달라집니다. 위탁자는 수탁자가 일을 제대로 하는지 걱정하기 시작합니다.

---

[1] 한국저작권위원회, 상담사례집

수탁자가 맡은 일을 제대로 마무리하도록 만드는 기본적인 방법은 계약이행보증금(契約履行保證金)을 받는 것입니다. 계약이행보증금은 수탁자가 계약한 내용대로 이행할 것을 약속하면서 납부하는 돈인데, 만약 수탁자가 계약을 성실하게 이행하지 않으면 위탁자는 계약이행보증금을 가질 수 있습니다. 계약이행보증금으로 얼마를 받을지는 위탁받은 업무의 성격, 수탁자의 특성에 따라 달라집니다. 업무의 난이도가 높을수록, 수탁자가 불성실하게 일을 처리할 우려가 클수록 계약이행보증금의 액수가 커지는데, 일반적으로는 전체 계약 대금의 10%를 계약이행보증금으로 설정합니다.

위탁자로서는 계약이행보증금을 현금으로 받는 게 가장 안전하지만, 현금 납부는 수탁자에게 큰 부담으로 작용해서 수탁자가 꺼리는 경우가 많습니다. 그래서 실무적으로는 계약이행보증보험을 주로 활용합니다. 계약이행보증보험은 보증(보험)사가 계약의 이행을 보증하는 것으로, 만약 계약이 제대로 이행되지 않으면 보증(보험)사가 위탁자에게 보험금을 지급하여 손해를 보전하는 겁니다. 수탁자는 보증보험에 가입하면서 보험료를 납부하는데 보험료는 계약이행보증금보다는 훨씬 낮은 액수이므로 현금 납부보다는 수탁자에게 유리합니다.

간혹 수탁자가 계약이행보증을 위해 이행각서(지급각서)를 내겠다고 하는 경우가 있습니다. 이행각서를 작성하면 수탁자는 그 각서의 내용을 이행해야 할 법적인 의무를 부담합니다. 그러나 이행각서는 또 하나의 약속에 불과하고 이행각서가 위탁자에게 실질적인 도움은 되지 않으니 이행각서 대신에 가급적 현금으로 받거나 보증보험을 활용하는 게 낫습니다.

〈예시〉

제○조(계약이행보증금) ① 계약자는 계약 체결 시 A회사에 용역료의 10%에 해당하는 금액을 현금으로 지급한다.

② 제1항에도 불구하고 A회사가 동의하는 경우 계약자는 현금 지급에 갈음하여 다음 각호의 하나를 제출할 수 있다.

1. 보증보험회사, 신용보증기금 등 이와 동등한 보증기관이 발행하는 보증서

2. 국채 또는 지방채

3. 금융기관의 지급보증서 또는 예금증서

③ 계약자가 본계약을 불이행한 경우 계약이행보증금(제2항에 따른 권리행사로 취득한 금원을 포함한다)은 A회사에 귀속된다.

용역료 지급 방식으로도 계약의 이행을 담보할 수 있습니다. "화장실 갈 때와 올 때의 마음이 다르다"라는 말이 있는 것처럼 아무래도 돈을 받고 나면 계약할 때보다는 마음이 풀어지기 쉽습니다. 수탁자가 용역료를 한꺼번에 지급받은 뒤 일을 덜 열심히 하는 게 우려된다면 용역료를 나눠서 지급하면 됩니다. 분할

지급은 다시 두 가지 방식으로 나뉘는데, 하나는 일정한 주기(매월, 매분기)로 지급하는 정기 지급형이고, 다른 하나는 위탁 업무가 이행되는 비율에 따라 지급하는 실적 정산형입니다. 일의 완성도를 높이기 위해서는 정기 지급형보다는 실적 정산형이 위탁자에게 유리합니다.

일이 기간 내에 제때 마무리되는 것 못지않게 업무의 질도 중요합니다. 업무의 질을 좌우하는 요인은 여러 가지가 있지만 가장 핵심적인 건 위탁 업무를 수행하는 사람의 능력입니다. 위탁 업무를 처리하는 사람이 그 분야에서 얼마나 전문성이 있느냐에 따라 결과는 판이하게 달라집니다. 특히 IT 분야 프로그램 개발, 광고홍보 분야, R&D 개발 분야 등은 업무를 수행하는 사람의 능력이 특히 결정적인 분야입니다. 업무를 위탁받기 전에는 최고급 인력을 대거 투입하겠다고 공언했지만 막상 업무가 시작되면 핵심 인력이 빠지고 숙련도가 부족한 인원을 투입하거나 약속보다 훨씬 적은 인원이 업무를 수행하는 경우가 종종 생깁니다. 이런 상황을 피하려면 투입되어야 할 인원수, 투입 인력이 갖춰야 할 능력(관련 분야 경력, 자격증 보유 여부 등)을 구체적으로 미리 정해놓아야 합니다.

<예시>

제○조(업무 수행인원)

① 계약자는 계약업무를 원활하게 수행할 수 있는 인원의 자격요건을 정하고 이를 준수한다.

② 계약자는 투입인원의 교체, 배치전환, 기타 사유로 인하여 업무 또는 종업원 등의 변동이 있는 경우 그로 인하여 계약업무에 지장이 없도록 한다.

검수를 적시에 하는 것도 중요합니다. 수탁자만 믿고 진행 상황을 전혀 검수하지 않다가 업무가 완료된 뒤에 결과물을 확인했는데 원하는 수준에 한참 미치지 못하면 위탁자는 매우 난감할 수밖에 없습니다. 상품이나 서비스 출시일이 미리 정해져 있어 시간적 여유가 없다면 더 큰 문제입니다. 울며 겨자 먹기로 부족한 상품이나 서비스를 내놓아야 하는 상황에 처하게 되고, 그러면 기대했던 성과를 얻기 어렵습니다. 따라서 업무를 위탁할 때는 중간중간 검수하여 일의 진행 상황을 점검해야 하고, 필요하다면 수정 및 보완을 요청해야 합니다.

<예시>

제○조(검수 및 보완 요구)

① 계약자는 ○○○○. ○○. ○○까지 용역업무의 결과물을 A회사에 제출하고 A회사의 검수를 받는다.

② A회사는 용역업무의 결과물이 계약업무의 수준에 미달하는 경우 계약자에게 시정이나 보완을 요구할 수 있고, 계약자는 이에 따른다.

김변의 정리

간장게장을 팔고 있는 김장인 씨는 외부 마케팅업체를 통해 상품 판매에 도움을 받고 싶습니다. 이렇게 잘 모르는 분야는 전문업체에 일을 맡겨야 일의 능률도 효율도 좋아집니다.

하지만 업무위탁계약을 할 때 유의할 사항도 많습니다. 우선 업무위탁계약 시 맡기는 업무의 내용을 명확하게 정의해두고 용역업무의 결과물이 누구의 소유인지를 미리 정해야 향후 분쟁을 예방할 수 있습니다. 업무가 제대로 마무리되게 하려면 계약이행보증금을 설정하고 용역료는 업무의 진행 상황에 따라 지급하는 게 좋습니다. 또한 업무위탁 중간에 검수를 해야 안전합니다.

case 24

느슨한 계약해지 조항이
회사를 무너뜨린다

사례

강영상 씨의 취미는 동영상 촬영 및 편집입니다. 카메라로 동영상을 촬영하고 편집하는 건 시간과 열정을 많이 쏟아야 하는 일이지만 그렇게 해서 완성된 결과물을 보고 있으면 뿌듯해집니다. 동영상 촬영 및 편집에 관한 강영상 씨의 열정과 노력으로 그의 실력은 일취월장하여 마침내 전문가 수준에까지 이르렀습니다. 처음에는 취미로 시작했지만 강영상 씨의 동영상을 본 사람들이 돈을 주고 영상 편집을 맡길 정도가 된 것이죠.

일이 점점 많아지자 강영상 씨는 본격적으로 사업을 하기 위해 다니던 직장을 그만두고 아예 회사를 세웠습니다. 제법 규모가 큰 주식회사 즐소와 영상물 제작 계약도 체결했습니다. 1년간 영상물을 10편 제작하는 대가로 1억 원을 받기로 한 것이죠. 계약을 이행하기 위해 장비도 구입하고 직원도 뽑았습니다.

그런데 계약기간이 3개월 정도 지났을 무렵, 즐소에서 강영상 씨 앞으로 메일을 보내왔습니다. 메일에는 강영상 씨와의 계약을 더 이상 유지하기 어려워 계약을 해지한다는 내용이 적혀 있었습니다. 강영상 씨는 계약 해지가 부당하다고 주장했지만, 즐소 측에서는 계약서에 적혀 있는 대로 해지한 것일 뿐이니 아무런 문제가 없다는 반응입니다.

도대체 왜 이런 일이 생긴 걸까요?

계약 해지? 해제?

사교육 시장에서 가장 인기 많은 스타 강사를 1타 강사라고 부릅니다. A씨는 과거 인터넷 강의업계에서 수학 분야의 1타 강사로 유명했습니다. 그런데 A씨는 인터넷 강의 불법 댓글 조작 문제가 공론화된 이후 법적인 분쟁에 휘말렸습니다.

A씨는 인터넷 강의업체인 E회사와 강의 계약을 맺었는데 E회사는 A씨가 계약을 위반했다는 이유로 소송을 제기했고, 결국 A씨가 패소했습니다. 이로 인해 A씨가 E회사에 지급한 돈은

무려 86억 원에 달합니다.[1] 그동안 A씨가 1타 강사로 꽤 많은 돈을 벌었다 해도 86억 원이라는 금액은 그에게도 매우 큰 액수입니다.

A씨가 거액을 지급하게 된 이유는 뭘까요? 그건 A씨가 E회사와 체결한 전속계약을 일방적으로 해지하고 다른 강의업체로 옮겼기 때문입니다. 이처럼 계약을 해지하는 일은 커다란 법적 책임을 야기할 수도 있는 중요한 문제입니다.

해지(解止)는 아직 계약 기간이 남아 있는데도 계약을 끝내는 행위입니다. 이와 비슷하지만 구분되는 개념으로는 해제(解除)가 있습니다. 둘의 차이는 계약의 효력이 없어지는 시점에 따른 것인데, 해지는 해지 시점 '이후'부터 계약의 효력이 없어지는 것이고, 해제는 처음부터 계약의 효력을 없애는 것입니다. 예를 들어 2023년 1월 1일에 1년짜리 계약을 체결했는데, 5월 1일에 '해지'를 한다면 5월 1일부터 계약의 효력이 없어지는 것이지만, 5월 1일에 '해제'를 한다면 1월 1일부터의 계약도 효력이 없어지는 것이죠. 그래서 계약을 해제하면 그동안의 계약을 이행한 부분에 대해서는 원상회복을 시켜야 하는 문제가 생깁니다.[2]

법률적으로는 해지와 해제가 구분되지만 둘은 계약을 끝낸다

---

1 〈'삽자루' 우형철, 스카이에듀 상대 86억원 약정금 청구 소송 전말〉, 《이데일리》, 2021. 3. 11.
2 민법 제548조

는 점에서는 비슷합니다. 그래서 실무적으로 둘을 특별하게 구별하지 않고, 계약서에도 해지와 해제를 함께 묶어서 '해지 등'이라고 기재하는 경우도 많습니다.

'계약을 해지하겠다'라고 말하기만 하면 계약이 해지된다고 생각하는 사람들이 꽤 있습니다. 하지만 계약을 해지하기 위해서는 해지 사유가 있어야 합니다. 즉 법률에서 정해놓은 해지 사유가 있거나 계약서에서 정해놓은 해지 사유를 충족해야 적법하게 해지할 수 있습니다.

계약이 쉽게 해지되는 걸 막으려면

같은 계약이라도 계약의 구속력은 계약마다 다릅니다. 계약을 느슨하게 만들어서 계약 해지가 쉽도록 정할지, 아니면 계약관계를 강하게 결속시켜서 가급적 계약 해지를 어렵게 할지는 선택의 문제입니다. 대체로 계약은 함부로 해지되지 않도록 하는게 좋습니다. 계약이 중간에 해지되면 사업의 불확실성이 커지고, 심한 경우에는 아예 사업을 접어야 하는 경우도 생기기 때문입니다. 이에 따라 계약이 쉽게 해지되지 않게 하려면 어떤 사항을 고려해야 하는지 알아보겠습니다(만약 계약 해지를 쉽게 만들려면 아래 내용을 반대로 적용하면 됩니다).

첫째, 해지 사유를 분명하게 기재해야 합니다. 해지할 수 있는 사유가 전혀 없거나 있더라도 매우 불분명하게 적혀 있는 계약서를 종종 봅니다. 하지만 어떤 경우에 해지할 수 있는지 그 사유를 명확하게 규정해두지 않으면 나중에 해지의 적법성을 두고 갈등을 겪을 가능성이 큽니다.

〈예시 1〉과 같이 해지 사유를 지나치게 포괄적으로 기재하는 것도 불리합니다.

〈예시 1〉
양 당사자는 상대방이 본계약상 의무를 위반한 경우 본계약을 해지할 수 있다.

〈예시 1〉은 흔히 사용되는 문구이지만 "본계약상 의무를 위반한 경우"라는 건 상당히 포괄적인 표현입니다. 계약에는 여러 의무가 있고, 이 중에는 중요한 의무뿐 아니라 사소한 의무도 있습니다. 포괄적으로 규정해두면 사소한 의무위반 시에도 계약이 해지될 위험성이 있으니, 해지가 가능한 계약 위반 사항을 몇 가지로 정해두는 게 낫습니다. 단순히 의무를 위반했다고 바로 해지할 수 있도록 만드는 게 아니라 의무위반으로 계약을 계속 유지하기 어려울 때로 한정시킬 필요가 있습니다. 또한 계약 목적 달성이 불가능하다는 사실이 객관적인 제3자가 보기에도 명확한 경우에만 해지될 수 있도록 정하는 게 좋은데, 구체적인 문구는 〈예시 2〉를 참고하기 바랍니다.

> **〈예시 2〉**
> 양 당사자는 상대방이 본계약 제○조, 제○조, 제○조를 위반하여 본
> 계약상 목적을 달성할 수 없다고 객관적으로 인정되는 경우에 본계
> 약을 해지할 수 있다.

둘째, 계약 해지 전에 시정할 수 있는 기회를 부여하는 게 좋
습니다. 계약에 따른 의무를 어겼을 때 바로 계약 해지가 가능하
도록 정할 수도 있지만, 시정 기회를 부여할 수도 있습니다. 실
수로, 또는 특별한 사정이 있어 계약을 제대로 지키지 못할 수도
있는데 그렇다고 바로 계약을 해지하기보다는 한 번 기회를 준
뒤 그 이후에도 그러한 행위가 반복되면 계약을 해지하도록 정
하는 것이죠. 〈예시 3〉이 그러한 예입니다.

> **〈예시 3〉**
> 양 당사자는 상대방이 본계약 제○조, 제○조를 위반한 경우, 상대방
> 에게 7영업일 이상의 시정 기간을 정하여 시정을 요구하고, 그 기간
> 내에 상대방이 이를 시정하지 않은 때에 본계약을 해지할 수 있다.

셋째, 계약 해지의 방법을 명확하게 정해두어야 합니다. 계약

의 해지는 매우 중요한 법률행위인데, 해지가 제대로 된 것인지를 두고 다툼하는 일이 종종 있습니다. 한쪽은 계약 해지를 통보했다고 하고, 다른 쪽은 해지를 통보받은 적이 없다고 반박하는 것이죠. 이런 문제를 예방하려면 〈예시 4〉처럼 해지 통보 방법을 미리 정해두어야 합니다.

> **〈예시 4〉**
> 계약의 해지에 대한 통보는 반드시 서면(이메일 등의 전자우편을 포함)으로 하여야 한다.

구두로 해지를 통보하도록 규정할 수도 있지만 구두 통보는 증거가 잘 남지 않으니 가급적 서면으로 통보하도록 정해놓는 게 확실합니다. 실제로 해지를 통보할 때에는 해지 사유를 명확하게 적어야 합니다. 또한 해지 통보에 관한 증빙 자료를 남겨둘 필요도 있습니다.

종이 서류로 해지통보서를 만들었다면 내용증명우편(內容證明郵便)으로 보내는 방법을 권합니다. 내용증명우편은 그 문서를 보냈다는 사실을 증명해주는 것으로 나중에 통보 여부가 문제될 때 증거로 활용할 수 있습니다. 내용증명우편을 보내려면 가까운 우체국을 직접 방문해도 되고 인터넷우체국(www.epost.go.kr)을 이용해도 됩니다.

만약 이메일과 같은 전자우편으로 통지했다면 그 메일이 삭제되지 않게 제대로 보관해두어야 합니다. 회사 메일은 메일 서버의 용량 제한으로 일정 기간이 지나면 자동으로 삭제되는 일이 많기 때문에 따로 메일을 저장해두거나 메일 발송 내용을 인쇄해서 출력물로 보관하는 게 좋습니다.

김변의 정리

해지는 해지 시점부터 계약의 효력을 없애는 것으로 해제와는 구별되지만 실무에서는 혼용해서 쓰기도 합니다. 계약이 해지되면 사업의 불확실성이 높아지므로 해지가 쉽게 일어나지 않도록 해야 합니다. 이를 위해서는 해지 사유를 분명하고 구체적으로 기재하는 게 좋습니다. 또한 곧바로 해지를 하는 게 아니라 시정 기회를 주도록 규정하고, 해지 통보의 방법도 미리 정해두는 게 필요합니다.

강영상 씨가 난처한 상황에 빠진 이유도 계약 해지 조항을 꼼꼼히 살피지 않았기 때문이니 계약을 할 때는 각 항목을 유심히 살펴봐야 합니다.

case 25
정의 조항이 똘똘해야 분쟁의 불씨를 막는다

사례

박청결 씨는 친환경 비누, 세탁세제, 주방세제를 만드는 사업을 하고 있습니다. 화학원료나 계면활성제 대신 천연 식물성 기름, 미생물 활성액을 넣어서 제품을 만들고 인공색소나 방부제를 쓰는 대신 라벤더, 캐모마일 같은 천연 재료를 씁니다. 제품의 질은 매우 뛰어나지만 판매가 활발한 건 아닙니다.

고민하던 차에 송협력 씨가 박청결 씨를 찾아와서 협업을 하자고 제안했습니다. 제품을 만드는 일은 박청결 씨가 전담하고 마케팅 및 판매는 송협력 씨가 맡기로 했습니다. 두 사람은 사업협력계약서까지 체결했죠.

각자가 잘하는 분야에 집중하니 시너지 효과가 생겼고, 박청결 씨가 만든 제품 판매량이 부쩍 증가했습니다. 그런데 새로운 문제가 생겼습니다. 두 사람의 계약에 따르면 제품 판매로 벌어들인 돈을 송협력 씨가 박청결 씨에게 정산하기로 되어 있었는데, 박청결 씨에게 생각보다 적은 금액이 들어온 겁니다. 박청결 씨가 송협력 씨에게 문제를 제기하자, 송협력 씨는 계약서대로 나눈 것이라고 주장했습니다. 하지만 박청결 씨의 생각은 다릅니다.

같은 계약서를 두고 두 사람은 전혀 다르게 해석하고 있는데, 왜 이런 일이 생겼을까요? 이런 일을 방지하려면 어떻게 해야 할까요?

가장 신경 써야 할 정의 조항

개별 법률은 나름의 정돈된 체계를 갖추고 있는데, 대부분의 법률 제1조는 법률을 만든 목적을 밝히고 있습니다. 예를 들어 「공정거래법」 제1조는 "부당한 공동행위 및 불공정거래행위를 규제하여 공정하고 자유로운 경쟁을 촉진함으로써 창의적인 기업 활동을 조장하고 소비자를 보호"하기 위한 목적이라는 걸 말하고 있죠. 제2조는 정의 조항인 경우가 많습니다. 예컨대 「공정거래법」 제2조는 계열회사에 관해 "둘 이상의 회사가 동일한 기업집단에 속하는 경우에 이들 각각의 회사를 서로 상대방의 계열회사라 한다"라고 정하고 있습니다.

법률과 마찬가지로 계약서도 제1조에서는 목적을, 그리고 제2조에서는 정의를 규정하고 있는 경우가 많습니다. 목적은 계약을 체결하는 이유를 포괄적이고 일반적으로 기재하는 것인데, 목적 조항이 법률적인 분쟁의 대상이 되는 경우는 많지 않습니다. 하지만 정의 조항을 둘러싸고 법적인 공방이 벌어지는 일은 매우 흔하니, 정의 조항은 각별히 주의를 기울여야 합니다.

특히 양 당사자가 협업이나 제휴를 할 때는 수익 정산에 관한 사항을 특별히 유의할 필요가 있습니다. 수익 정산 과정에서 생기는 분쟁은 수익에 대해 제대로 정의되지 않은 경우가 많습니다.

<예시 1>
홍길동은 이몽룡에게 수익의 30%를 지급한다.

<예시 1>처럼 수익 분배 비율만 정해놓으면 이때의 수익이 총매출액을 의미하는지, 총매출액에서 비용을 제외한 순수익을 의미하는지 불분명해집니다. 따라서 <예시 2>처럼 상세하고 분명하게 기재하고, 가급적 비용에 포함되는 항목도 명시해두는 게 좋습니다.

> **〈예시 2〉**
>
> 이몽룡은 성춘향에게 수익의 30%를 지급한다. 이때 수익은 총매출액에서 판매 관련 지출 비용(마케팅 및 광고 비용을 의미하며 다른 비용은 포함하지 않는다)을 제외한 금액을 의미한다.

또한 상대방에게 서비스를 제공받는 계약의 경우에는 제공받는 서비스의 내용과 범위를 정확하게 정해야 합니다. 예를 들어 A라는 서비스에 1번부터 10번까지의 기능이 있을 때 단순히 A서비스라고 기재하면 전체 기능을 의미하는 것인지, 그중 일부만을 뜻하는지 애매할 수 있습니다. 이럴 때 'A서비스는 1~10번의 기능을 모두 포함한 서비스를 의미한다'라고 정의해두면 문제 발생 가능성이 확연히 줄어듭니다.

정의 조항은 보통 사람이 봐도 쉽게 이해할 수 있는 수준으로 작성하는 게 바람직합니다. 전문 영역을 다루는 계약서를 보면 정의 조항이 지나치게 어렵게 쓰여 있어서 읽어도 무슨 의미인지 알 수 없을 때가 종종 있습니다. 관련 업계에 있는 사람에게는 당연하게 보이는 내용이라도 이해하기 쉽게 정의를 내리는 게 중요합니다. 향후 법적인 문제가 생기면 그 문제에 대한 판단은 법원의 판사가 내리는데, 그 판사가 무슨 말인지 전혀 이해할 수 없다면 곤란하기 때문이죠.

효율적인 부속계약서

잡지나 책의 본내용에 덧붙여서 따로 낸 지면이나 책자를 부록이라고 합니다. 계약서에도 부록처럼 뭔가가 덧붙을 때가 있습니다. 이때 처음에 체결한 계약을 본계약(本契約) 또는 기본계약(基本契約)이라 부르고 추가된 계약을 부속계약(附屬契約)이라 부릅니다. 실무적으로는 부속계약서, 부속합의서, 부속협약서 등으로 다양하게 불리는데, 사실 문서의 이름을 무엇으로 정할지는 크게 중요하지 않으니 원하는 대로 정하면 됩니다.

그렇다면 부속계약은 언제 체결하는 걸까요? 가장 일반적인 경우는 계약을 연장할 때입니다. 계약서에 계약기간이 자동으로 연장된다고 규정해놓았다면 처음 설정한 계약기간이 지나도 계약의 효력이 유지되지만, 자동 연장 조항이 없다면 계약기간이 지나면 계약은 끝납니다. 이때 부속계약을 체결하여 계약기간을 연장할 수 있습니다.

부속계약은 계약의 일부 내용을 변경할 때에도 사용됩니다. 사업을 하다 보면 예상과 다르게 일이 진행되는 경우가 많습니다. 원자재 가격이 폭등한다든지 기대 이상으로 판매실적이 좋을 때도 있죠. 그럴 때면 변화된 상황에 맞게 계약서의 내용을 고쳐야 합니다. 물론 계약 내용을 일방적으로 바꿀 수는 없고, 상대방과 협의가 되어야 변경할 수 있습니다.

그런데 계약 내용 중 일부만 바뀌는데 전체 계약서를 모두 새롭게 쓰는 건 상당히 번거로운 일입니다. 복잡한 계약은 수십 쪽이 넘기도 하니까요. 이럴 때 부속계약서를 작성해서 바뀐 부분만 적는 겁니다. 이때 무엇이 바뀌었는지 쉽게 알 수 있도록 변경 전의 내용을 함께 적어두는 게 좋습니다.

동일한 사항에 대해 여러 장의 계약서가 있고, 그 계약서의 내용이 서로 다르면 어떤 계약서가 우선하는지 문제될 수 있습니다. 일반적으로는 본계약보다 뒤에 체결되는 부속계약이 우선한다고 보지만 논란을 없애려면 〈예시 3〉처럼 우열관계를 분명하게 정해두면 됩니다.

> **〈예시 3〉**
> 본계약의 내용과 부속계약의 내용이 일치하지 않는 경우에는 부속계약의 내용이 우선한다.

분쟁 발생에 대한 대비책

계약을 체결하여 새로운 거래를 시작할 때, 그 거래가 성공적으로 진행되는 상황을 생각하는 게 일반적입니다. 하지만 그렇지 않을 가능성도 대비해야 합니다. 그래서 대부분의 계약서 마지막 부분에는 분쟁이 발생했을 때의 해결에 관해 규정하고 있습니다.

계약을 둘러싼 문제가 생겼을 때 가장 좋은 해결 방법은 양 당사자의 합의입니다. 그런데 그 합의가 잘 안 되면 객관적인 제3자의 도움을 받을 수밖에 없습니다. 분쟁을 해결하는 가장 기본적인 방법은 법원에 소송을 제기하는 것인데 다른 방법도 있습니다.

대안적인 해결책으로는 조정(調停)과 중재(仲裁)가 대표적입니다. 조정과 중재는 해당 분야에서 전문성을 가진 단체나 기관(한국저작권위원회, 대한상사중재원, 각 법원의 조정센터 등)이 개입하여 양 당사자의 주장을 듣고 해결책을 제시하는 것입니다. 조정은 양 당사자가 조정안에 대해 모두 동의해야 효력이 있지만, 중재는 한쪽이 동의하지 않더라도 효력이 생긴다는 점이 다릅니다.

법원의 재판으로 분쟁을 마무리 지을 때 유의할 사항은 관할법원(管轄法院)을 정하는 일입니다. 이는 어느 지역에 있는 법원에서 재판을 받을 것인지에 관한 문제입니다.

현재 전국에는 총 18개의 지방법원이 있습니다. 서울중앙지방법원부터 제주지방법원까지 전국 각지에 법원이 설치되어 있습니다. 계약의 양 당사자가 비슷한 지역에 위치한다면 관할을 정하는 건 크게 어렵지 않습니다. 하지만 제주도에서 우유를 생산하는 업체와 서울에서 유제품을 만드는 회사가 소송을 해야 한다면 문제가 달라집니다. 아무리 교통이 발달했더라도 재판을 할 때마다 제주도와 서울을 오가는 건 힘든 일이니까요. 특히 실제 재판은 30분 이내로 끝나는 게 대부분인데, 그 30분을 위해 먼 지역까지 이동하려면 매우 비효율적이라는 생각이 들 수밖에 없습니다. 그러니 재판을 담당할 법원을 미리 정해두어야 합니다. 대체로는 계약관계에서 우위를 점한 '갑'의 회사가 위치한 지역의 법원을 관할법원으로 정합니다.

김변의 정리

박청결 씨와 송협력 씨가 수익 배분 문제로 곤란한 상황에 빠진 것은 계약서 조항에 쓰는 용어를 애매하게 정의해놓았기 때문입니다. 그런 애매한 문장은 각자의 입장에 따라 다르게 해석되어 분쟁의 불씨가 될 수 있습니다. 특히 수익 정산에 관한 사항은 분명하게 정의해두어야 하고, 해당 분야의 전문가가 아닌 사람도 쉽게 이해할 수 있도록 정의 조항을 작성하는 게 좋습니다.

계약 기간이 연장되거나 계약의 일부 내용이 변경되었을 때는 변경 내용만 기재한 부속계약을 체결하면 됩니다. 법적인 분쟁을 대비하는 것도 중요한데, 분쟁 해결 방법을 미리 생각해두고 법원의 관할 부분도 챙겨두어야 불편을 방지할 수 있습니다.

case 26

양해각서(MOU)를 체결할 때
조심해야 하는 것들

사례

박용기 씨는 사업가의 꿈을 이루기 위해 잘 다니던 직장에 사표를 던지고 회사를 차렸습니다. 폐기물을 재활용하는 회사였는데, 환경의 중요성이 점점 높아짐에 따라 유망한 분야가 될 것이라는 판단으로 시작한 사업이었죠.

박용기 씨 회사는 버려진 가전제품을 분해하여 그 안에서 유용한 부품을 찾아내고, 그것으로 새로운 제품을 만들었습니다. 그렇게 일하려면 폐기물이 꾸준하게 공급되어야 했죠. 박용기 씨는 회사가 직접 폐기물을 수거하는 방안도 고민해봤지만, 그보다는 폐기물 수

거업체에 일을 맡기는 것이 더 효율적이라고 판단했습니다. 폐기물 수거 업체를 알아보던 중, 박용기 씨는 최수집 씨가 운영하는 회사를 알게 되었고, 두 회사는 업무협약(MOU)을 체결했습니다.

업무협약을 체결하고 본격적으로 일을 시작하기 전에 박용기 씨는 시범운영을 해보기로 결정했습니다. 그런데 막상 일을 해보니 최수집 씨 회사와는 업무적으로 잘 맞지 않았습니다. 그래서 실제 폐기물 수거 업무는 이차례 씨가 운영하는 회사에 맡기고 정식으로 사업제휴계약서도 체결했습니다.

그런데 그 소식을 접한 최수집 씨가 박용기 씨를 찾아와 업무협약 위반이라고 주장했습니다.

"저하고 업무협약까지 체결해놓고 이러는 법이 어딨습니까? 이건 엄연한 업무협약 위반입니다."

최수집 씨는 너무 황당하다며 강력하게 항의했습니다. 박용기 씨는 업무협약은 법적인 구속력이 없어서 괜찮다고 생각했는데, 박용기 씨 생각이 맞을까요?

MOU는 무엇일까

뉴스에서 두 기관이나 회사가 MOU를 체결했다는 소식을 한 번쯤은 접해보았을 겁니다. 그리고 그런 MOU 체결 기사에 꼭 실리는 사진이 있죠. 정장을 말끔하게 차려입은 두 사람(보통 기관장이나 회사 대표)이 '업무협약 체결식'이라고 적힌 현수막 아래에서 서류를 앞쪽으로 들고 있는 사진입니다. 이렇듯 기사에서 뿐 아니라 실무적으로도 MOU가 자주 사용되는데, MOU가 도대체 무엇일까요?

MOU는 의향서, 협정서, 업무협약 등 다양하게 불리지만 일반적으로 양해각서(諒解覺書)라고 해석합니다. 사실 양해각서라는 단어가 어떤 뜻인지 쉽게 와닿지는 않습니다. 차라리 영어를 보는 게 이해하기 쉽습니다. MOU는 Memorandum Of Understanding의 약자입니다. 양 당사자가 서로 이해(Understanding)한 내용을 메모(Memorandum) 형식으로 정리했다는 뜻이죠.

MOU는 미국의 거래 방식에 특화된 양식입니다. 우리나라는 계약을 체결하기 전에 이런저런 사항을 구두로 이야기한 다음에 하나의 완결된 계약서를 체결하는 경우가 많지만, 미국은 협상을 쭉 하다가 어느 정도 이야기가 진전되면 일단 합의가 된 부분까지 정리하는 경향이 있습니다. 이처럼 중간 단계에서 정리한 서류가 MOU입니다. 즉 MOU는 최종 계약(Agreement) 체결 전에 '이렇게 논의되고 있는 것 맞지?' 하는 식으로 중간 점검을 하는 단계라고 할 수 있죠.

MOU는 다른 회사와 업무제휴를 할 때 주로 사용됩니다. 예를 들어 자동차 회사와 네비게이션 업체가 업무제휴를 통해 자동차 회사는 네비게이션 기능을 제공받고 네비게이션 업체는 공급망을 확보하는 겁니다. 그런데 여기서 의문점이 생깁니다.

MOU 없이 바로 본계약을 체결할 수도 있는데, 굳이 MOU를 체결하는 이유는 뭘까요?

첫 번째 이유는 적절한 타이밍을 확보하기 위해서입니다. 업무제휴에 대한 논의가 시작되고 최종 계약을 체결할 때까지는 상당한 시간이 걸립니다. 계약의 상세한 사항에 대해 협상을 마무리 지으려면 짧게는 몇 달, 길게는 몇 년이 걸리는 경우도 허다합니다.

업무제휴는 그 자체로 홍보 효과가 있고, 대체로 기업에 호재로 작용합니다. 아이폰을 생산하는 애플(Apple)사와 제휴한다는 기사가 나오면, 그 제휴 회사의 주가가 크게 상승하는 현상이 일어나는 것도 같은 맥락입니다.

뭐든 그렇지만 홍보도 시기가 매우 중요하고 적절한 시점에 홍보 기사를 내야 홍보 효과가 극대화됩니다. 그런데 최종 계약 체결 후에 홍보를 하면 시기적으로 매우 늦을 수 있습니다. 그래서 논의 초반에 업무제휴를 하기로 했다는 사실 정도만 정해졌을 때 먼저 MOU를 체결하고, 그 사실을 알려서 홍보 효과를 누리려는 것이죠.

또한 MOU는 상대방을 묶어두는 효과도 있습니다. 뛰어난 기술력을 가지고 있거나 유망한 분야에 먼저 진출하여 경쟁력을 확보한 회사와 함께 일하고 싶을 때 MOU를 체결하여 그 회사를 미리 선점하는 겁니다.

두 번째 이유는 향후의 혼란을 줄이기 위해서입니다. 협상을 하다 보면 황당한 일을 겪을 때가 많습니다. 지난 협상에서 이미 동의했던 내용인데 다음 협상에서는 그런 적이 없다고 발뺌하는 경우가 대표적인 사례입니다. 최종 계약을 체결할 때 딴소리하는 걸 막으려면 MOU에 그전까지 합의된 내용을 기재해서 서류로 작성해두면 됩니다.

MOU의 법적 구속력

MOU에서 가장 문제되는 것은 MOU의 법적 구속력(法的 拘束力)입니다. 법적 구속력이 있다는 말은 해당 내용을 지켜야 하고, 지키지 않았을 때에는 손해배상 청구와 같은 제재가 가해진다는 뜻입니다. 즉 MOU에 적혀 있는 내용을 꼭 지켜야 하는지가 실무적으로 자주 문제됩니다. MOU를 아주 가볍게 생각했다가 상대방이 업무협약을 지키지 않았다고 문제를 제기하는 상황에 맞닥뜨리면 당황스러울 수밖에 없습니다.

'MOU가 법적 구속력을 가지는가?'라고 물으면 '정하기 나름'이라고 답할 수밖에 없습니다. 달리 말해 MOU라고 해서 항상 법적 구속력이 없는 것도 아니고, 반대로 언제나 MOU 내용을 그대로 지켜야 하는 것도 아닙니다. 계약도 마찬가지이지만 MOU도 개별 사안마다 차이가 큽니다. MOU를 어떻게 구성하고 MOU에 어떠한 효력을 부여할지는 어떤 상황인가에 따라 달라집니다.

만약 상대방과 거래해야 할 필요성이 높고 거래하는 상대방을 이 계약에 강하게 묶어두고 싶다면 MOU에 최대한 자세한 사항을 기재해야 합니다. 예를 들어 업무제휴를 하는 경우라면 제휴하는 업무의 내용, 해당 업무를 하기 위한 각자의 역할, 거래하는 상대방에게 요구할 수 있는 사항 등을 상세하게 적고, 그러한 사항을 위반했을 때 손해배상을 해야 한다는 내용까지 추가하는 게 좋습니다. 이렇게 상세한 MOU는 최종 계약과 별반 차이가 없게 됩니다.

그에 반해 상대방과 거래할지가 불분명하고 협상 과정에서 거래가 깨질 가능성이 높다면 MOU에는 최소한의 내용만 담아야 합니다. '앞으로 잘 협력해봅시다'라는 선언적 규정만 있고 구체적인 역할은 기재하지 않는 것이죠. 만약 각자의 역할을 기재했을 경우에는 법적 구속력이 없다는 것을 분명히 밝혀두는 게 필요합니다. 일반적으로 MOU에는 〈예시 1〉과 같이 법적 구속력에 관한 조항이 들어갑니다.

<예시 1>
제○조(법적 구속력)
① 본양해각서는 양 당사자 간의 상호 업무에 관한 일반적인 협력사항을 기재한 것으로 법적인 구속력은 없는 것으로 한다.
② 본양해각서에 의한 상호협력이 구체적인 제휴계약의 체결을 강제하는 것은 아니며, 일방 당사자의 사정으로 인하여 구체적인 제휴계약이 체결되지 않더라도 양 당사자는 손해배상 책임을 부담하지 않는다.

MOU를 체결한 뒤 업무제휴를 위한 논의를 하다 보면 상대방 회사 사정과 영업에 관한 사항을 알게 됩니다. 꼭 회사기밀이나 영업비밀까지는 아니더라도 제3자에게 알리고 싶지 않은 사항도 있을 수 있습니다. MOU 체결 상대방이 이 사실을 다른 사람에게 알리는 게 걱정이라면 MOU에 비밀유지의무 조항을 추가하는 게 좋습니다. 설령 MOU 자체에는 법적 구속력이 없더라도 특정한 문구를 통해 비밀유지의무 조항에 법적 구속력을 부여할 수도 있습니다. 구체적인 문구는 <예시 2>를 참고하시기 바랍니다.

<예시 2>
제4조(비밀유지의무)
① 양 당사자는 본양해각서의 체결 및 이행으로 인해 취득한 상대방에 대한 일체의 정보를 비밀로 유지한다.
② 제1항을 위반하여 상대방에게 손해가 발생한 경우에 귀책 당사자는 상대방의 손해를 배상해야 한다.

제5조(법적 구속력)
본양해각서는 양 당사자 간의 상호 업무에 관한 일반적인 협력사항을 기재한 것으로 법적인 구속력은 없는 것으로 한다. 단, 제4조는 예외로 한다.

김변의 정리

박용기 씨는 최수집 씨와의 업무협약을 지키지 않았다는 이유로 업무협약 위반이라는 말을 들었는데, 양해각서 조항을 어떻게 쓰느냐에 따라 이런 문제를 사전에 예방할 수 있습니다.

흔히 양해각서로 불리는 MOU는 업무제휴에 관한 논의를 진행하는 중간 단계에서 작성되는 서류입니다. 홍보 효과 등을 누리기 위한 적절한 타이밍을 잡거나 나중에 상대방이 딴소리하는 걸 막기 위한 용도로 체결되죠. MOU는 어떻게 작성하느냐에 따라 법적인 구속력이 달라집니다. 거래 상대방을 강하게 묶어둘 필요가 있을 때는 상세한 내용을 기재하고 법적 구속력을 부여할 수도 있지만, 실무적으로는 일반적인 사항만 적고 법적 구속을 배제하는 경우가 더 많습니다.

5장

심심치 않게
회사에 손해를
끼치는 사건들

case 27

인수합병(M&A) 때
고려해야 하는 것들

사례

강반려 씨는 회사를 설립하여 반려동물을 키우는 사람들을 위한 어플리케이션을 개발했습니다. 이 어플리케이션을 이용하면 반려동물을 키울 때 유용한 여러 가지 꿀팁을 알 수 있고, 반려동물에게 필요한 음식이나 물품을 저렴하게 구매할 수도 있습니다. 또한 사용자가 이용하기 편하게 어플리케이션이 구성되어 있어, 반려동물을 키우거나 반려동물에게 관심이 있는 사람이라면 누구나 한 번쯤 들어본 인기 플랫폼이 되었습니다.

강반려 씨 회사 플랫폼의 사용자가 많아지자 강반려 씨 회사에 대한 투자자들의 관심도 높아졌습니다. 그중 일부는 강반려 씨 회사의 지분을 거액에 사겠다는 제안까지 했습니다.

투자자가 제시한 금액이 상당히 매력적이라서 강반려 씨는 지분 매각을 긍정적으로 고려하고 있는데, 지분 매각은 어떻게 진행되고 무엇에 유의해야 하는지 막막하기만 합니다.

M&A의 이유

TV 드라마나 영화에서 M&A는 단골소재로 등장합니다. 뉴스 기사에서도 관련 소식을 자주 접할 수 있죠. M&A는 Mergers and Acquisitions의 약자입니다. 영어로는 합병과 인수를 뜻하지만 우리말로는 흔히 인수합병이라고 부르죠.

SK하이닉스는 2020년 12월 미국 인텔의 낸드플래시 사업 부문을 인수했는데, 그 금액이 무려 90억 달러(약 10조, 3000억 원)에 달합니다. 이렇게 천문학적인 비용이 아니더라도 기업 간 M&A는 드물지 않게 일어납니다. M&A를 하는 이유는 뭘까요?

다른 사업에 진출하려면 아무래도 준비가 많이 필요합니다. 특히 기술력이 중요한 분야인 경우, 그 분야에 대한 충분한 연구 개발이 이뤄지지 않으면 진입 자체가 매우 어렵습니다. 그런데 M&A를 활용하여 이미 그 분야에 진출한 기업의 지분을 인수하면 특정 사업에 손쉽게 진입할 수 있다는 장점이 생깁니다.

지분을 매수하는 쪽뿐만 아니라 매각하는 쪽에도 도움이 됩니다. 지분을 매각하는 쪽은 매각 대금을 받을 수 있어 경제적으로 이득이고, 그 자금을 이용하여 기업의 역량을 핵심적인 사업에 투입하여 경쟁력을 높일 수 있죠. 또한 M&A를 통해 사업적 시너지도 기대할 수 있습니다. 예를 들어 자동차 회사가 자율주행 기술을 가진 회사를 인수하면 자율주행 기능을 갖춘 자동차를 생산하는 데 큰 도움이 됩니다.

M&A의 종류는 크게 세 가지가 있습니다. 첫 번째는 특정 회사의 주식을 취득하여 그 회사의 경영권을 획득하는 주식인수입니다. 두 번째는 합병으로 2개의 회사가 합쳐져서 1개의 회사가 되는 것입니다. 세 번째는 영업양수로 회사의 특정 사업부를 전체적으로 이어받는 것인데, 공장과 설비, 인력과 기술 등을 포괄적으로 넘겨받는 게 특징입니다. 가장 일반적인 M&A의 형태는 주식인수이므로 주식인수(株式引受)를 위주로 설명하겠습니다.

주식인수 방식의 M&A에는 세 명의 주체가 등장합니다. 주식을 처분하는 주주(매도인), 주식을 인수하려는 주주(매수인), M&A의 대상이 되는 회사(대상회사)입니다. 예를 들어 홍길동이 A회사 주식을 보유하고 있는데, 홍길동의 주식을 이몽룡이 인수하려는 경우, 홍길동이 매도인, 이몽룡이 매수인, A회사는 대상회사인 겁니다. 매도인과 매수인은 자연인(보통의 사람)일 수도 있지만 회사일 수도 있습니다.

M&A의 진행 절차

M&A의 대략적인 절차는 이렇습니다.

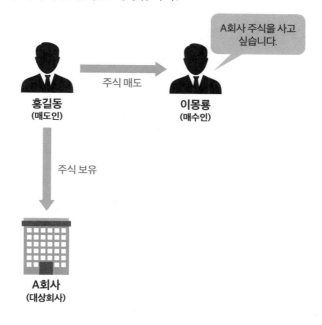

매수인 선정→비밀유지계약 및 양해각서 체결→실사→본계약의 체결→본계약에 따른 주요 절차의 이행 및 거래 종결

　매도인이 가장 먼저 고민해야 할 부분은 매수인을 정하는 방식입니다. 여러 명의 잠재적 매수인을 인수 절차에 참여하게 하여 그중에서 가장 좋은 조건을 제시하는 매수인을 선택하는 입

찰 방식이 일반적이지만, 항상 그렇지는 않습니다. 입찰 방식으로 진행하려면 아무래도 회사의 정보를 외부에 널리 공개할 수밖에 없는데, 그게 회사에 부담으로 작용하기도 하니까요. 정보의 광범위한 공개를 막으려면 특정한 몇몇 매수인을 정해놓고 그들과 개별적으로 협상하는 게 낫습니다.

매수인이 정해졌다면 비밀유지계약(Confidentiality Agreement)을 체결해야 합니다. M&A 절차를 진행하면 영업에 대한 핵심적인 기술이나 계약관계, 상세한 재무정보, 회사의 강점과 약점 등 대상회사에 관한 민감한 정보를 많이 알게 됩니다. 한편 M&A 관련 논의가 진행되다가 무산되는 경우도 종종 있는데, 매각은 성사되지 않았는데 매수하려던 쪽이 M&A 과정에서 취득한 대상회사의 중요 사항을 외부에 발설하면 대상회사는 큰 피해를 입을 가능성이 높습니다. 이를 예방하기 위한 것이 비밀유지계약입니다. 비밀유지계약에는 잠재적 매수인이 제공받은 정보에 대해 비밀을 유지하고 외부에 유출하지 않으며, M&A 이외의 다른 목적으로 활용하지 않는다는 내용이 포함됩니다. 물론 비밀유지의무를 위반했을 때의 손해배상에 관해서도 규정됩니다.

양해각서(MOU)는 양 당사자의 기본적인 의사를 정리한 것인데 본계약의 주요한 사항이 기재됩니다. 4장 '양해각서(MOU)를 체결할 때 조심해야 하는 것들'에서 설명한 것처럼 MOU라고 법적 구속력이 없는 건 아니지만, 법적 구속력이 없게 MOU

를 구성하는 게 일반적입니다. 그래서 요즘에는 MOU 없이 바로 본계약을 체결하는 경우도 많습니다.

실사(Due Diligence)는 대상회사에 관해 상세하게 파악하는 과정인데, M&A에서 실사의 중요성은 아무리 강조해도 지나치지 않습니다. 실사가 M&A의 성공과 실패를 가르는 핵심적인 역할을 하니까요. 실사 과정에서 주로 살펴보는 요소는 다음과 같습니다.

- 회사의 자본이나 주주 구성이 어떠한가?
- 재무제표는 적정하게 작성되었고 세무(세금) 이슈가 없는가?
- 사업과 관련된 인허가를 적법하게 받았는가?
- 각종 자산 및 권리를 적법하고 완전하게 보유하고 있는가?
- 주요 계약의 형태는 어떠하며 특별한 분쟁은 없는가?

실사를 충실하게 해야 나중에 M&A 이후에 생기는 예상치 못한 피해를 막을 수 있습니다. 예컨대 AI 관련 최신 기술을 가진 회사의 주식을 인수했는데 알고 보니 그 회사가 보유하고 있는 기술이 다른 회사의 특허를 침해하여 실제 사용할 수 없다면 매수인은 매우 곤란한 상황에 놓이게 됩니다. 실사는 워낙 중요한 절차라서 통상적으로는 세무사, 변호사, 회계사, 업종 전문가 등이 대규모로 투입되어 각자의 분야를 면밀하게 살펴봅니다.

실사가 끝났다면 본계약인 주식매매계약을 체결하는데, 주식매매계약에서 특히 유의해서 봐야 할 부분은 진술 및 보장 (Representations and Warranties)입니다. 진술 및 보장 조항은 말 그대로 특정한 사실에 대해서 상대방에게 진술하고, 그 진술이 사실에 부합한다는 점을 보장하는 조항입니다.

진술 및 보장 조항은 흔히 매도인에 관한 사항, 매수인에 관한 사항, 대상회사에 관한 사항으로 구분되는데 대상회사에 관한 사항이 중요합니다. 진술 및 보장 조항은 상대방에게 정보를 제공하는 기능을 합니다. 매수인이 아무리 열심히 실사를 해도 미처 다 파악하지 못하는 사실이 있을 수 있는데, 대상회사가 중요 사항에 대해서 확인해준다면 매수인은 안심할 수 있습니다. 예를 들어 신종 질병 백신을 개발한 회사의 지분을 인수할 때, 그 백신의 안전성과 유효성이 입증되었다는 사실을 대상회사가 확실하게 보장해주는 겁니다.

만약 진술 및 보장 조항을 위반하면 어떤 일이 생길까요? 진술 및 보장 조항을 위반한 쪽은 상대방에게 손해배상을 해야 하고 계약이 해제될 수도 있습니다. 그러니 진술 및 보장 조항에는 사실에 부합하는 내용만 기재해야 한다는 사실을 유념해야 합니다.

계약 체결 이후에는 계약을 이행하기 위한 절차가 진행됩니다. 주주총회나 이사회를 개최하여 주식 인수에 대한 승인을 받는 경우가 많으며, 필요하다면 정관도 변경해야 합니다.

일반적인 계약은 양 당사자가 계약의 내용대로 이행하면 마무리가 되지만 M&A는 좀 다릅니다. 매도인과 매수인의 의견이 일치해도 거래가 종결되지 않을 때가 있습니다. 대표적인 경우로는 공정거래위원회(공정위)의 기업결합 승인이 필요한 때입니다. 2015년 SK텔레콤과 CJ헬로비전은 M&A 계약을 체결했지만 M&A가 무산되었습니다. 공정위가 승인하지 않았기 때문이죠. 따라서 M&A를 준비할 때 해당 M&A가 성사되기 위해 필요한 정부의 승인이 있는지, 그러한 승인을 받기 위해서는 무엇을 해야 하는지, 만약 승인을 받지 못한다면 어떻게 할 것인지를 미리 충분하게 고민해야 합니다.

김변의 정리

다른 사업에 빨리 진출하고 싶을 때 M&A를 많이 이용하는데, 주식 인수가 가장 일반적인 방식입니다. M&A의 당사자로는 매도인, 매수인, 대상회사가 있습니다. M&A 절차 중에서 특히 실사와 본계약 체결을 유의해야 합니다.

매수인은 실사 단계에서 대상회사를 면밀하게 살펴봐야 하고, 대상회사는 진술 및 보장 조항에 사실과 다른 내용이 포함되지 않도록 해야 합니다. 또한 M&A를 마무리하기 위해 정부 승인이 필요한지도 미리 검토해야 합니다.

case 28

약이 되는 스톡옵션,
독이 되는 스톡옵션

사례

대학에서 컴퓨터공학을 전공한 남도전 씨는 대기업에 취업하는 대신 벤처기업을 만들었습니다. 남도전 씨 회사의 주력 분야는 자동차 자율주행입니다. 특히 자율주행 시의 보안을 강화하여 해킹을 방지하는 기술력이 매우 뛰어난 편입니다. 여러 행사에서 혁신상을 받는 등 기술력은 뒤지지 않을 자신이 있지만, 남도전 씨에게는 고민이 한 가지 있습니다.

회사를 성장시키려면 우수한 인력이 많아야 하는데, 아무래도 규모가 작은 벤처기업인 터라 취준생들이 입사를 꺼리는 일이 많기 때문입니다. 게다가 자금 사정상 대기업만큼 급여를 많이 줄 수도 없습니다.

그러던 중 남도전 씨는 다른 벤치기업들이 스톡옵션 제도를 활용하여 우수한 인재를 많이 유치하고 있다는 소식을 접했습니다. 스톡옵션에 대해서는 간간이 뉴스를 통해 들어본 적은 있지만 정확하게 무엇인지, 어떻게 활용해야 하는지 잘 몰라서 답답합니다.

스톡옵션이 뭐길래

카카오페이는 온라인을 기반으로 금융업을 하는 회사인데, 이 회사의 대표가 화제에 오른 적이 있습니다. 주인공은 바로 류영준 전 대표입니다. 그는 2021년 12월에 무려 457억 원을 벌었습니다. 아무리 기업의 대표라고는 해도 457억 원은 엄청난 액수입니다. 그가 이렇게 거액의 돈을 벌 수 있었던 비결은 스톡옵션이라는 제도 때문입니다.

스톡옵션(Stock Option)을 우리말로 풀이하면 주식매수선택권(株式買受請求權)입니다. 쉽게 말해 회사가 임직원 등에게 회사 주식을 싸게 살 수 있는 권리를 부여하는 것이죠. 예를 들어 A주식회사가 직원 B에게 7,000원에 주식을 취득할 수 있는 권리를 주었는데, 나중에 주가가 1만 원이 되면 직원 B는 주당 3,000원(1만 원-7,000원)만큼의 이익을 얻을 수 있게 되는 겁니다. 실제로 류영준 전 대표는 카카오페이의 주식을 5,000원에 산 뒤 20만 4,000원에 매각해서 거액의 차익을 얻었습니다.

회사가 성장가능성이 있다면 스톡옵션은 매우 매력적인 제도입니다. 회사가 성장하면 주가는 상승하기 마련인데 그만큼 차익이 커지기 때문입니다. 주가가 대폭 상승하면 임직원들은 급여보다 훨씬 큰돈을 벌 수 있습니다. 설령 예상보다 주가가 상승하지 않더라도 스톡옵션 보유자에게 직접적인 손해는 생기지 않습니다. 스톡옵션은 의무가 아니라 권리이기 때문에 스톡옵션을 행사하지 않으면 그만이기 때문입니다.

회사 입장에서도 스톡옵션은 유용합니다. 스톡옵션을 받은 임직원들은 주가와 회사의 가치를 높이기 위해 회사 일을 자기 일처럼 할 유인이 생깁니다. 임직원들의 근로의욕이 높아지니 회사의 발전가능성도 그만큼 커집니다. 또한 스톡옵션이라는 당근을 이용하여 우수한 인재들을 확보할 수 있고, 스톡옵션 부여는 장래의 권리를 주는 것이라 당장 회사에 금전적 부담이 생기지도 않습니다.

물론 스톡옵션이 장점만 있는 건 아닙니다. 임직원들이 장기적인 회사의 성장보다는 단기 실적주의에 매몰되거나 일정한 기간이 지나서 스톡옵션을 행사한 뒤 대규모로 퇴사하는 상황이 벌어지기도 합니다.

스톡옵션 부여는 이렇게

스톡옵션을 부여받을 수 있는 사람은 회사의 임직원입니다. 「벤처기업육성에 관한 특별조치법」(약칭: 벤처기업법)의 요건을 갖춘 벤처기업의 경우에는 스톡옵션 부여 대상이 일반 회사에 비해 더 넓습니다. 임직원이 아니더라도 기술이나 경영능력을 갖춘 사람(교수, 변호사), 대학이나 연구기관의 임직원에게도 스톡옵션을 줄 수 있습니다. 한편 회사의 최대주주와 최대주주의 특수관계인(친인척 등), 주요 주주(10% 이상의 지분을 보유한 주주) 등에게는 스톡옵션을 부여할 수 없습니다.

스톡옵션은 무한정 발행할 수 있는 게 아니고 일정한 제한이 있습니다. 일반적인 회사는 발행주식총수의 10%(상장회사는 15%), 벤처기업은 발행주식총수의 50%가 한도입니다. 벤처기업의 경우 법률상으로는 절반까지 스톡옵션을 부여할 수 있지만 유념해야 할 사항이 있습니다. 회사에 대규모로 투자하는 투자회사들은 투자 시에 스톡옵션의 비율이 일정 비율(통상 10%) 이하일 것을 요구하는 경우가 있다는 점입니다. 또 하나 염두에 두어야 할 점이 있습니다. 스톡옵션을 보유한 사람이 스톡옵션을 행사하면 그 회사의 지분을 갖게 되어 경영에 참여할 가능성이 높아지는데, 경영에 참여하는 사람이 많아진다는 건 회사의 민주적 운영에 도움이 되지만 대주주의 입장에서는 부담으로 작용할 수도 있습니다.

스톡옵션을 부여하려면 먼저 정관에 다음과 같이 스톡옵션에 관한 사항이 규정되어 있어야 합니다.[1]

- 일정한 경우 주식매수선택권을 부여할 수 있다는 뜻
- 주식매수선택권의 행사로 내줄 주식의 종류와 수
- 주식매수선택권을 부여받을 자의 자격요건
- 주식매수선택권의 행사기간
- 일정한 경우 주식매수선택권의 부여를 이사회의 결의에 의하여 취소할 수 있다는 뜻

그리고 스톡옵션을 부여하려면 주주총회의 특별결의가 필요합니다. 일반적인 주주총회 안건은 출석주주 의결권의 과반수가 동의하고 동의한 주주의 의결권이 발행주식 총수의 4분의 1 이상이면 통과되는데, 이걸 일반결의라고 합니다. 하지만 특별결의는 일반결의보다 요건이 강화되어 있습니다. 출석주주 의결권의 3분의 2 이상이 동의하고 동의한 주주의 의결권이 발행주식총수의 3분의 1 이상이어야 합니다.

스톡옵션은 부여할 때 행사가격과 행사기간을 정해야 합니다. 행사가격은 스톡옵션을 보유한 사람이 주식을 인수할 때의

---

[1] 벤처기업법 제16조의3 제2항

가격을 말합니다. 행사가격은 스톡옵션 부여 당시 주식의 실질 가액으로 정하는 것이 원칙인데, 주식의 권면액 이상이어야 합니다. 다만 벤처기업의 경우 예외적으로 주식의 실질가액보다 낮은 가액으로 행사가액을 정할 수 있습니다.

스톡옵션은 최소 2년 이상 재직했을 때에만 행사할 수 있습니다. 아무리 회사와 임직원이 합의해도 2년보다 짧은 기간으로 정할 수는 없습니다. 행사기간은 일정기간(예를 들어 부여일로부터 3년)으로 정할 수도 있지만, 상장일을 고려한 기간부여(예를 들어 코스닥 상장일로부터 1년 이내), 성과를 연동한 기간부여(예를 들어 누적 매출액 30억 시점)도 가능합니다.

또한 스톡옵션을 부여하려는 벤처기업은 주주총회에서 결의한 경우 중소벤처기업부장관에게 그 내용을 신고해야 합니다.[2]

스톡옵션 부여 계약과 그 이후

정관 반영, 주주총회 특별결의, 중소벤처기업부장관 신고를 거쳤다면 이제 스톡옵션에 관한 계약을 체결할 차례입니다. 아무리 주주총회에서 스톡옵션 관련 사항을 정했더라도 스톡옵션에 관한 구체적인 내용은 회사와 임직원 사이의 계약에서 정해집

---

2   벤처기업법 제16조의3 제5항

니다.

스톡옵션 부여계약이 체결되면 회사는 계약서 사본을 임직원에게 주어야 하며, 그 계약서를 스톡옵션 행사기한까지 잘 보관해둬야 합니다.[3]

스톡옵션 부여계약에서 주로 문제가 되는 건 스톡옵션 부여의 취소입니다. 스톡옵션을 부여했더라도 사정이 있으면 스톡옵션 부여를 취소할 수 있습니다. 「벤처기업법」에서 정하고 있는 취소 사유는 다음과 같습니다.[4]

1. 주식매수선택권을 부여받은 자가 본인의 의사에 따라 사임하거나 사직한 경우
2. 주식매수선택권을 부여받은 자가 고의 또는 과실로 회사에 중대한 손해를 입힌 경우
3. 해당 회사의 파산 등으로 주식매수선택권 행사에 응할 수 없는 경우

꼭 법률에서 정한 사유 이외에도 스톡옵션의 취소 사유를 더

---

3 벤처기업육성에 관한 특별조치법 시행규칙(약칭: 벤처기업법 시행규칙) 제4조의4 제1항, 상법 제340조의3 제3항
4 벤처기업육성에 관한 특별조치법 시행령(약칭: 벤처기업법 시행령) 제11조의3 제9항, 상법 시행령 제30조 제6항

넓게 정하는 것도 가능합니다.[5] 그러니 스톡옵션 부여계약서를 작성할 때 어떤 경우에 스톡옵션 부여를 취소할 것인지를 잘 생각해두는 게 낫습니다. 참고로 중소벤처기업부에서 작성한 '주식매수선택권의 부여계약서'(예시)의 내용은 다음과 같습니다.

제○조(스톡옵션 부여의 취소) ① "갑"은 다음의 경우 정관이 정하는 바에 따라 이사회의 결의에 의해 스톡옵션 부여를 취소할 수 있다. 이 경우 "갑"은 지체 없이 "을"에게 스톡옵션의 취소를 통보해야 한다.

1. "을"이 스톡옵션을 부여받은 후 2년 이내에 임의로 퇴임하거나 퇴직한 경우

2. "을"이 고의 또는 과실로 법령 또는 정관에 위반한 행위를 하거나 그 임무를 게을리 하여 "갑"에게 손해를 입힌 경우. 다만 이사 또는 감사인 "을"이 제3자에 대하여 상법401조(제3자에 대한 책임)의 책임을 지게 된 경우에도 같다.

3. "갑"의 파산 또는 해산 등으로 "갑"이 스톡옵션 행사에 응할 수 없는 경우

4. "을"이 상법 제397조(경업금지), 제397조의2(회사의 기회 및 자산의 유용 금지), 제398조(이사 등과 회사 간의 거래) 및 제411조(겸임금지)를 위반한 경우

---

5 서울고등법원 2019. 7. 11. 선고 2019나2014316 판결

5. 주주총회에서 상법 제385조(해임)가 정하는 정당한 사유(기타법령의 규정에 의해 감독기관으로부터 "을"의 해임을 권고 받은 경우를 포함한다)로 "을"(이사 또는 감사인 경우에 한한다)을 해임하는 경우

6. "을"(종업원인 경우에 한한다)이 "갑"의 인사규정 제OO조, 제OO조에 위반하여 징계 또는 상법 제17조에서 규정하는 경업 또는 겸직을 한 경우

7. "을"이 스톡옵션을 타인에게 양도하거나 담보로 제공한 경우

8. 주식매수선택권이 압류된 경우

9. 주식매수선택권 행사를 위해 "갑"의 미공개 정보를 이용하거나 시세조종 등 불공정 거래를 한 경우

김변의 정리

남도전 씨처럼 자금이 풍부하지 않은 벤처기업이 직원들과 스톡옵션 계약을 맺으면 여러모로 효율성이 높습니다. 스톡옵션(주식매수선택권)은 일정한 가격이나 조건으로 주식을 매수할 수 있는 권리를 말합니다. 주가가 오르면 차익 실현이 가능해서 임직원은 경제적 이익을 얻을 수 있고, 임직원들이 열심히 일하면 회사에도 도움이 됩니다.

스톡옵션을 부여하려면 정관에 스톡옵션 관련 규정이 있어야 하고, 주주총회의 특별결의를 거쳐야 하며, 벤처기업은 중소기업벤처기업부장관에게 신고도 해야 합니다. 임직원과 실제 스톡옵션 계약을 체결할 때에는 스톡옵션 취소 사유를 명확히 설정하는 게 중요합니다.

case 29
경영권 분쟁에
휘말리지 않는 법

사례

옷 만드는 걸 좋아하는 이패션 씨가 사업을 시작한 곳은 동대문의 작은 매장이었습니다. 감각적인 디자인이 돋보이는 이패션 씨의 옷은 재질도 뛰어나서 얼마 안 가 인기를 끌기 시작했습니다. 사업은 계속 발전하여 핀큰패션이라는 주식회사를 설립하기에 이르렀습니다.

회사를 세운 지 10년, 그 사이 매출은 비약적으로 증가했습니다. 핀큰패션이 작지만 강한 기업으로 이름을 널리 알려가고 있을 무렵, 성부자 씨가 이패션 씨를 찾아와 한 가지 제안을 했습니다.

"이 회사에 20억을 투자할 테니 저에게 일정 부분의 회사 지분을 주세요. 어때요? 그렇게 불리한 거래는 아닌 것 같은데요."

그렇지 않아도 공장 설비를 증설하기 위한 자금이 필요하던 차에, 성부자 씨가 투자를 하겠다고 하니 이패션 씨는 매우 반가웠습니다. 이패션 씨는 성부자 씨로부터 20억 원을 투자받는 대가로 핀큰패션의 지분 40%를 줬습니다.

그런데 회사 경영에는 관심이 없는 것처럼 행동하던 성부자 씨는 시간이 가면서 점점 변했습니다. 회사의 주요한 의사결정에 조금씩 관여하기 시작한 것이죠. 급기야는 본인도 직접 경영에 참여하겠다고 요구하기까지 했습니다. 이 문제를 어떻게 해결해야 할까요?

주식회사 지배구조의 핵심은 이사회

고층 건물의 꼭대기 층에 위치한 사무실에 고급 정장을 말쑥하게 차려입은 한 남자가 앉아 있습니다. 그 남자는 창업자의 아들인 김 실장. 김 실장은 회사의 경영을 좌지우지하는 명실공히 회사의 실세입니다. 김 실장이 다리를 꼬고 상체를 비스듬하게 기울인 상태로 다른 직원의 보고를 받고 있을 때, 갑자기 비서가 들어와서 김 실장에게 귓속말을 합니다.

"실장님, 큰일 났습니다. 곧 이사회가 개최된다고 합니다."

알고 보니 김 실장의 앙숙이자 회사의 2인자인 조 이사가 김 실장을 회사에서 쫓아내려는 시도를 하고 있었던 겁니다. 충격적인 소식을 접한 김 실장은 분노와 당혹스러움을 감추기 어려웠습니다.

어떤가요? 아마 한 번쯤은 드라마에서 이런 장면을 본 적이 있을 겁니다. 그런데 이런 일이 비단 드라마에서만 일어나는 건 아닙니다. 기업의 경영권을 둘러싼 분쟁은 어느 기업에서나 일어날 수 있습니다.

경영권 분쟁을 예방하려면 회사의 지배구조를 정확히 이해해야 합니다. 「상법」상 회사의 종류는 총 다섯 가지(합명회사, 합자회사, 유한책임회사, 주식회사, 유한회사)가 있는데 거의 대부분의 회사가 주식회사이므로, 이하에서는 주식회사 위주로 설명하려고 합니다.

주식회사라면 반드시 가지고 있어야 할 기관이 있는데, 그중 하나가 이사회(理事會)입니다(단, 자본금총액이 10억 미만의 소규모 회사는 예외적으로 이사회가 없어도 됩니다). 이사회는 말 그대로 이사들이 모인 회의체입니다. 이사회를 구성하는 이사는 일반적으로 사내이사와 사외이사로 구분됩니다. 사내이사는 주로 회사에 상근하면서 실무적인 일을 하는 사람이고, 사외이사는 회사 내부에서 상근으로 근무하지는 않지만 회사 경영이 투명하고 공정하게 이뤄지도록 감시하는 역할을 합니다.

흔히 회사에서 가장 강한 영향력을 가진 사람을 회장, 총수, 사장 등으로 부르는데, 사실 이것은 법적인 용어가 아닙니다.

법적인 의미에서 회사를 대표하여 의사를 결정하고 대외적으로 공표할 수 있는 지위를 가진 사람은 대표이사(代表理事)라고 합니다.

이사회는 회사의 중요한 경영 사항을 결정할 수 있는 권한을 가지는데, 예를 들어 대규모로 투자하는 일, 중요한 회사 자산을 팔거나 넘기는 일, 다른 곳에서 경영자금을 빌려오는 일 등이 그것입니다. 이렇게 중요한 일은 이사회의 권한이기 때문에 아무리 대표이사라도 혼자서 정할 수는 없습니다. 만약 이사회를 거치지 않고 대표이사 단독으로 결정한다면 상법 위반이고, 그 행위의 효력이 문제될 수 있습니다.

대표이사는 이사들 중에서 한 명이 맡는데, 대표이사를 선임하거나 해임할 수 있는 권한도 이사회에 있습니다. 그만큼 이사회는 회사 운영에 있어서 막강한 힘을 가지고 있죠. 드라마나 영화에서 회사의 경영권을 지키기 위해 이사들을 설득하고 포섭하는 장면이 나오는 것도 이런 이유입니다.

소수주주의 이사회 진입을 막는 방법

이사회가 중요한 만큼 누가 이사가 되는지도 매우 중요합니다. 그렇다면 이사는 누가 정하는 걸까요? 이사를 정할 수 있는 권한은 주주총회(株主總會)에 있습니다. 주식회사의 주인은 주주(株主)

인데, 그 주주들이 모여서 중요한 의사결정을 하는 게 주주총회입니다. 주주는 주주총회를 개최하여 이사를 선임하거나 해임할 수 있습니다. 주식회사가 주주의 돈으로 운영되는 회사라는 걸 고려하면 주주총회가 이사를 선택하는 건 합리적이라 볼 수 있습니다.

만약 한 사람이 100%의 주식을 가지고 있는 1인 주주 회사라면 1인 주주의 뜻대로 자유롭게 회사를 운영할 수 있습니다. 주주총회에서 마음에 드는 사람을 이사로 뽑아도 반대할 사람이 없기 때문입니다. 그런데 다른 주주가 있다면 상황이 달라지죠. 누구를 이사로 뽑을지에 대해 주주총회에서 표 대결을 해야 하기 때문입니다.

주주총회는 사람을 뽑는다는 점에서는 선거와 비슷하지만 결정적인 차이는 의결권에 있습니다. 선거는 보통선거의 원칙에 따라 누구나 평등하게 1표를 가지지만, 주주총회에서는 '1주=1표'의 원칙이 적용되어 주식의 수만큼 의결권을 가집니다. 60%의 주식을 가진 사람은 60%의 투표권을 행사하는 것이죠.

주식수에 비례하여 의결권을 주다 보니 50% 넘는 주식을 가진 대주주는 비교적 경영권을 안정적으로 유지할 수 있습니다. 본인이 원하는 사람으로 이사를 선출하면 되기 때문이죠. 회사 운영에 대주주의 입김이 지나치게 많이 작용한다는 비판이 나오자 도입된 제도가 집중투표제(集中投票制)입니다. 집중투표제는

1주당 1표를 주는 게 아니라, 1주당 선출한 이사 수만큼 의결권을 주는 것으로 특정 이사에게 집중적으로 투표하는 걸 허용하는 겁니다.

총 주식수가 10주인데, 대주주가 6주, 소수주주가 4주를 가지고 있는 상황에서 이사를 3명 선임하는 경우라면 대주주는 18개의 의결권을, 소수주주는 12개의 의결권을 행사할 수 있는 것이죠. 이때 소수주주가 자신이 선호하는 후보 한 명에게 몰아서 투표하면 그 후보는 이사가 될 수 있는 겁니다.

집중투표제는 소수주주에게는 유리한 제도지만, 대주주 입장에서는 달갑지 않은 제도입니다. 대주주의 뜻과 다른 사람이 이사가 되어 이사회에 참여한다는 건 여러모로 불편한 일이니까요.

상법은 원칙적으로 집중투표제를 도입하도록 규정하면서도 예외를 두고 있습니다. 집중투표제를 적용하지 않으려면 정관을 이용해야 합니다. 정관(定款)은 회사의 설립, 조직, 업무 활동 등에 관한 기본 사항을 정해놓은 규칙인데, 정관에 집중투표제를 도입하지 않겠다고 규정해두면 집중투표제를 실시하지 않아도 됩니다.[1] 실제로 많은 회사에서 집중투표제를 배제하는 정관 조항을 두고 있어, 집중투표제 관련 상법 조항이 유명무실하다는 지적이 있을 정도입니다.

---

[1]   상법 제382조의2

단순투표제와 집중투표제의 차이

단순투표제 | 이사 후보

소수주주 → 찬성 ○
→ 반대 ✕
→ 반대 ✚

집중투표제 | 이사 후보

소수주주 →→→
✕ 의결 포기
✚ 의결 포기

> 주주총회에서 이사진을 선임할 때 1주당 1표씩 의결권을 주는 방식과 달리, 선임되는 이사 수만큼 의결권을 부여하는 제도. 주주는 특정이사에 집중적으로 투표하거나 여러 명의 후보에게 분산해 투표할 수 있다.

정도(正道)가 정답(正答)이다

정도를 걷는 게 쉬운 일은 아닙니다. 특히 기업은 이윤 추구를 제1의 목표로 삼고 있는 집단이라 정도를 강조한다는 건 다소 고리타분하게 들릴 수도 있습니다. 하지만 경영권 분쟁을 예방하려면 법에서 정해놓은 바를 제대로 지키는 게 중요합니다. 경영권을 공격하는 측은 회사 운영 과정이 법에 어긋나서 경영권 교체가 필요하다는 주장을 많이 하기 때문입니다. 회사를 운영할 때 특별히 유의해야 할 부분을 이사회 중심으로 알아보겠습니다.

이사회를 개최하려면 일단 이사회를 소집해야 하는데, 통상적으로 이사회 소집은 대표이사가 담당합니다. 회의 날짜와 회의의 안건과 장소를 회의 일주일 전까지 알려야 합니다. 통지 방법은 특별히 정해져 있지 않고, 서면이나 전화나 이메일 등 편한 방법을 이용하면 됩니다.

이사회는 실제로 개최해야 합니다. 간혹 이사회를 직접 개최하지 않고 단순히 이사회에 관한 서면만 작성해두는 경우가 있는데, 이와 같은 서면 이사회는 효력이 없다는 게 일반적인 해석입니다. 그렇다고 이사회를 반드시 대면회의로 개최해야 하는 건 아닙니다. IT 기술이 발달함에 따라 온라인회의를 하는 경우가 많은데 이사회도 화상회의나 전화회의도 가능합니다. 단, 화상회의나 전화회의를 하려면 정관에서 화상회의나 전화회의를 허용하고 있어야 하니,[2] 정관을 확인해볼 필요가 있습니다.

이사회에서 안건을 통과시키려면 이사의 과반수가 출석하고 출석한 이사의 과반수가 찬성해야 합니다.[3] 과반수가 결의 요건이니, 이사의 절반만 참석하거나 투표 결과 찬성-반대가 동일한 수라면 안건은 통과되지 못합니다.[4]

이사회에서 논의한 내용은 의사록에 작성해두어야 합니다. 의사록은 이사회를 개최했다는 사실과 이사가 충실하게 안건에 대해 논의했다는 걸 보여주는 중요한 자료이므로 잘 보관해두

---

2 상법 제391조 제2항
3 상법 제391조 제1항
4 대법원 1995. 4. 11. 선고 94다33903 판결
5 상법 제466조

는 게 좋습니다.

이사회와 직접적인 관련은 없지만 경영권 분쟁을 예방하려면 회계 장부를 제대로 관리하는 것도 중요합니다. 3% 이상의 주식을 가진 주주는 회사에 회계 장부를 열람할 수 있는 권한을 가지고 있는데,[5] 소수주주가 경영권을 공격할 때 주로 사용하는 무기가 바로 회계장부 열람권입니다. 회사의 자금 흐름은 회계 장부에 반영될 수밖에 없는데, 회계 장부를 보면 회사의 돈이 어떻게 사용되는지 확인할 수 있기 때문입니다. 실제 사용 내용에 맞게 회계 장부를 작성하고 법령에 어긋난 회계 처리가 없도록 유의해야 합니다.

김변의 정리 ⚖

경영권 분쟁을 미리 막으려면 회사의 지배구조를 이해해야 합니다. 회사를 대표하여 업무를 집행하는 사람은 대표이사지만, 중요한 의사결정은 대표이사가 단독으로 하는 게 아니라 이사회의 결의를 거쳐야 합니다.

소수지분을 가진 주주 측의 이사 선임을 방지하는 방법은 정관에 집중투표제를 도입하지 않도록 정해두는 것입니다. 또한 적법한 절차와 방식으로 이사회를 운영하고 회계 관리도 투명하게 하는 것이 필요합니다.

case 30
고객의 개인정보를
사수하라

사례

배보호 씨 회사는 신선식품을 배송하는 사업을 하고 있습니다. 어플리케이션을 통해 손쉽게 주문할 수 있을 뿐 아니라 배송되는 제품도 신선하고 저렴해서 사용자가 크게 증가하고 있는 추세입니다.

그러던 중 배보호 씨는 B회사로부터 공동 마케팅을 해보자는 제안을 받았습니다. B회사는 아직 고객이 많지 않은 신생 업체였는데, 배보호 씨 고객들을 대상으로 대규모 할인행사를 해서 인지도를 높이려는 생각이었습니다. B회사가 제시한 가격이 매우 매력적이라 배보호 씨 회사도 매출을 대폭 증가시킬 수 있을 것 같다는 생각이 들었습니다. 누이 좋고 매부 좋은 전략이라는 판단이 든 배보호 씨는 B회사의 제안을 받아들였습니다.

할인 행사는 예상했던 대로 성공적으로 끝났지만 문제는 그 뒤에 생겼습니다. 배보호 씨 회사가 이용자들의 정보를 B회사에 넘기는 것에 대해 고객들의 동의를 제대로 받지 않은 사실이 드러난 것입니다.

경찰과 개인정보보호위원회는 배보호 씨 회사에 대한 조사를 실시하겠다는 통보를 했고, 배보호 씨는 근심이 깊어졌습니다.

개인정보의 기본 개념부터

빅데이터, AI(인공지능), 자율주행은 현재 매우 각광받고 있을 뿐 아니라 앞으로의 산업을 이끌어갈 분야로 손꼽히고 있습니다. 이들 분야의 특징은 대량의 정보를 기반으로 한다는 점입니다.

산업 발전의 재료로 이용되는 정보의 중요성이 높아지는 것과 비례해서 개인정보 보호에 대한 관심도 높아지고 있습니다. 개인정보를 함부로 다뤘다가는 형사적으로 처벌을 받거나 거액의 과징금이 부과될 수 있습니다. 뿐만 아니라 회사 이미지에 심대한 타격을 입어 고객이 대량으로 이탈하거나 회사의 사업 자체가 휘청거리기도 합니다.

개인정보는 용어 그대로 살아 있는 개인에 관한 정보를 말합니다. 성명, 주민등록번호, 전화번호, 주소 등이 대표적인 개인 정보죠. 어떤 경우가 개인정보이고 어떤 경우에는 개인정보가 아닌지 구체적으로 살펴보겠습니다.

'살아 있는 개인'에 관한 정보이므로 이미 사망한 사람의 정보는 개인정보가 아닙니다. 다만 사망자의 정보라도 유족과 관계된 정보는 유족의 개인정보에 해당할 수 있습니다. 여기서 말하는 개인은 보통의 사람(자연인)을 말하고 법인은 해당되지 않습니다. 그러니 법인(회사)의 이름, 주소, 회사 대표의 연락처 등은 개인정보가 아닙니다.

해당 정보만으로는 특정 개인을 알 수 없더라도 다른 정보와 쉽게 결합해서 특정 개인을 알아볼 수 있으면 개인정보가 됩니다. 대표적인 게 휴대전화번호 뒷자리 4자입니다. 이와 관련된 실제 사건도 있었습니다.

경찰공무원인 A는 B의 신고를 받고 도박 현장을 단속했고 C가 단속에 걸렸습니다. 그러자 C는 평소 알고 지내던 A에게 '신고한 사람이 누구인지 알려달라'고 요청했습니다. A는 경찰서의 서류를 찾아 B의 전화번호 뒷자리 4자를 알려줬습니다. 이후 경찰공무원 A가 개인정보보호법 위반으로 재판을 받자 A는 "전화번호 전체는 개인정보이지만 전화번호 뒷자리 4자만으로는 누군지 알 수 없어 개인정보가 아니다"라고 주장했습니다. 하지만 법원은 이러한 주장을 받아들이지 않고 A에게 유죄를 선고했습니다.[1] 그 이유는 뒷자리 번호 4자와 관련성이 있는 다른 정보(생일, 기념일, 집 전화번호, 가족 전화번호, 기존 통화내역 등)와 쉽게 결합하여 누군지 알 수 있기 때문에 휴대전화번호 뒷자리도 개인정보에 해당한다고 보았기 때문입니다.

개인정보 수집은 동의가 원칙

개인정보에 관한 대원칙은 정보주체의 동의를 받아야 한다는 것입니다. 법령에 특별한 규정이 있는 등 동의가 없어도 되는 경우가 있긴 하지만, 어디까지나 그건 예외이고 동의가 원칙입니다.

동의를 받을 때는 개인정보의 수집·이용 목적, 수집하려는 개인정보의 항목, 개인정보의 보유 및 이용기간을 알려야 합니다. 동의를 받을 때는 꼼수를 쓰지 말아야 합니다. 한 대형마트는 경품행사를 하면서 고객들의 개인정보를 수집했고 수집에 관한 안내사항도 기재했습니다. 문제는 안내사항이 약 1밀리미터 크기의 작은 글씨로 기재되어 있어 쉽게 알아볼 수 없었다는 점이었습니다. 이 사안에서 대법원은 형식적으로 안내했지만 실질적으로 안내하지 않은 것과 유사하게 보아 대형마트의 개

---

[1] 대전지방법원 논산지원 2013. 8. 9. 선고 2013고단17 판결

인정보 수집행위가 위법하다는 판단을 내렸습니다.[2]

개인정보 수집에 동의할지 말지는 정보주체의 마음입니다. 그런데 고객에게 서비스를 제공하려면 반드시 수집해야 하는 정보가 있습니다. 예를 들면 네비게이션 서비스를 제공하기 위한 고객의 위치정보가 그 사례인데, 이런 경우에는 고객이 위치정보 수집에 동의하지 않으면 네비게이션 서비스를 이용할 수 없다는 점을 명확히 알려야 합니다.[3]

회사의 매출을 높이려면 마케팅이 필요합니다. 하지만 마케팅을 함부로 하면 안 됩니다. 회사 입장에서는 정당한 마케팅이지만 고객 입장에서는 귀찮은 스팸일 수 있기 때문이죠. 마케팅 활동을 하려면 이에 대한 동의를 별도로 받아야 합니다.[4] 그리고 처음에는 마케팅활동에 동의했더라도 이러한 동의는 언제든지 철회할 수 있는 것이어서 정보주체가 동의를 철회한 뒤에는 더 이상 마케팅활동을 할 수 없다는 점을 유의해야 합니다.

개인정보를 수집한 쪽이 직접 이용하지 않고 다른 사람에게 다시 개인정보를 넘기는 것을 '제3자 제공'이라고 부르는데, '제3자 제공'을 하려면 역시 동의를 받아야 합니다. 만약 동의 없이

---

2 대법원 2017. 4. 7. 선고 2016도13263 판결
3 개인정보보호법 제15조 제2항
4 정보통신망 이용촉진 및 정보보호 등에 관한 법률(약칭: 정보통신망법) 제50조 제1항

개인정보를 제3자에게 넘기면 과징금이 부과될 수 있습니다.[5] 또한 무단으로 제3자에게 개인정보를 제공했을 때는 5년 이하의 징역 또는 5,000만 원 이하의 벌금에 처해지니 각별히 조심해야 합니다.[6]

실제로 페이스북은 이용자의 동의를 받지 않은 채로 이용자 본인 및 페이스북 친구의 개인정보를 다른 사업자에게 제공했다가 적발되었습니다. 개인정보보호위원회는 2020년 11월 페이스북에 67억 원의 과징금을 부과하는 한편, 페이스북을 수사기관에 고발했습니다.[7]

일반적으로 개인정보는 정보주체가 동의하면 수집하여 이용할 수 있지만 주민등록번호는 다릅니다. 주민등록번호는 원칙적으로 처리가 금지되고 법률에서 주민등록번호의 처리를 허용하고 있거나 정보주체의 생명, 신체의 이익을 위해 명백히 필요한 경우 등에만 예외적으로 처리할 수 있습니다.[8] 이건 정보주체로부터 동의를 받아 주민등록번호를 수집하는 경우에도 마찬가지이므로, 꼭 필요한 경우가 아니면 주민등록번호는 수집하지 않아야 합니다.

---

5 개인정보보호법 제39조의15

6 개인정보보호법 제19조, 제71조 제2호

7 〈'67억 과징금' 맞은 페이스북 "개인정보위 형사고발 조치 유감"〉, 뉴스1, 2020. 11. 15.

8 개인정보보호법 제24조의2

수집 이후에 챙겨야 할 사항들

개인정보는 수집 절차를 제대로 지키는 것도 중요하지만 관리 역시 중요한 부분입니다. 심심치 않게 발생하는 것이 바로 개인 정보 유출사고입니다. 개인정보 유출은 해킹에 의해서 일어나기도 하고 내부 직원의 관리 부실로 일어나기도 하는데, 한 번 개인정보가 유출되면 굉장히 많은 사람들이 피해를 보고, 일어난 피해를 회복하기 어렵다는 점에서 매우 심각한 문제입니다.

따라서 개인정보를 처리하는 회사는 개인정보가 분실·도난·유출·훼손되지 않도록 안전 조치를 해야 합니다.[9] 개인정보처리시스템에 접근할 수 있는 권한을 구분하여 최소한의 인원에게만 권한을 부여하고 개인정보를 암호화하는 것이 대표적인 조치 사항입니다. 안전 조치에는 기술적인 내용이 많은데, 보다 자세한 사항은 개인정보보호위원회가 만든 「개인정보의 안전성 확보조치 기준 해설서」를 확인하면 됩니다.

최선을 다해 관리를 해도 개인정보 유출 사고가 발생할 수도 있습니다. 사고가 발생하면 그걸 숨기고 싶다는 생각이 들 수도 있지만, 그래서는 안 됩니다. 개인정보 유출 사실을 최대한 신속하게 이용자들에게 알려야 합니다. 이때 알려야 할 내용으로는 유출된 개인정보의 항목, 유출된 시점과 그 경위, 유출로 인

---

9 개인정보보호법 제29조

해 발생할 수 있는 피해를 최소화하기 위한 방법, 피해 구제 절차 등이 있습니다. 또한 유출 사고 발생 시에는 개인정보보호위원회나 한국인터넷진흥원에 사고를 신고해야 합니다.

한 번 동의를 받았다고 해서 개인정보를 무한히 이용할 수 있는 건 아닙니다. 개인정보를 수집할 때 정해둔 보유기간이 지나거나 개인정보 처리 목적이 달성되어 그 개인정보가 불필요해졌을 때에는 지체 없이 그 개인정보를 파기해야 합니다. 개인정보를 파기할 때는 다시 복원하거나 재생할 수 없는 형태로 완벽하게 파기하는 게 중요합니다.

김변의 정리 ⚖️

개인정보는 개인을 식별할 수 있는 정보를 말하는데, 그 자체로는 개인을 바로 알아볼 수 없더라도 다른 정보와 쉽게 결합해서 특정 개인을 알아볼 수 있으면 개인정보입니다. 개인정보에서 핵심은 정보주체의 동의를 받는 것인데, 특히 마케팅활동을 하기 위한 동의는 다른 동의와 구분해서 받아야 합니다. 배보호 씨처럼 고객의 동의도 없이 개인정보를 활용하면 형사처벌 등의 법적인 제재를 받을 수 있습니다.

개인정보는 관리도 중요해서 해킹이나 유출 사고가 발생하지 않도록 충분히 조치해야 하고 만약 유출사고가 발생하면 신속하게 유출 사실을 알리고 관계 기관에 신고해야합니다.

case 31

내가 만든 상표
내가 지킨다

박과즙 씨는 주스를 만들어서 판매하고 있습니다. 젊은 세대의 기호에 맞춘 상품을 개발하면서 SNS를 통해 자연스럽게 홍보가 되었고 인기도 높아졌습니다. 대표 메뉴는 각종 과일과 채소를 갈아 만든 '센시오 주스'인데, 맛이 뛰어날 뿐 아니라 체중 감량에도 효과가 있어 판매량이 매우 높습니다. 박과즙 씨는 이 기세를 몰아 회사를 설립했고 체인점도 여러 개 생겼습니다.

매출과 영업이익이 점점 커져가던 와중에 예상치 못한 복병을 만났습니다. 다른 식품업체의 대표인 원주인 씨가 박과즙 씨에게 '센시오 주스'라는 상표를 사용하지 말라고 요구한 것입니다. 박과즙 씨가 강하게 반박했지만 원주인 씨도 쉽게 물러나지 않았습니다.

"저는 이미 '센시오 주스'라는 상표를 등록한 상표권자이니 '센시오 주스'라는 상표에 대한 정당한 권리를 가지고 있습니다."

확인해보니, 원주인 씨가 '센시오 주스'라는 상표를 등록한 건 사실이었습니다. 하지만 그 이름으로 지금까지 사업을 해왔고, 자리를 잡아가는 와중에 이런 일이 생기니 너무 당황스럽습니다. 박과즙 씨는 앞으로 '센시오 주스'라는 상표를 사용할 수 없는 걸까요?

상표란 무엇일까

2019년 아주 독특한 스타가 혜성처럼 등장했는데, 그건 바로 '펭수'입니다. 남극 '펭'에 빼어날 '수(秀)'를 쓰는 펭수는 EBS의 프로그램 〈자이언트 펭TV〉를 통해 데뷔했습니다. 펭귄 특유의 귀여운 외모와 함께 속 시원한 화법으로 선풍적인 인기를 끌었죠. 펭수를 기획하고 제작한 건 EBS인데 하마터면 EBS는 '펭수'라는 단어를 사용하지 못할 뻔했습니다. 다른 사람이 EBS보다 먼저 '펭수'라는 상표권을 출원했기 때문입니다.

비슷한 사례는 또 있습니다. 포항에서 식당을 운영하는 최민아 씨는 SBS의 〈백종원의 골목식당〉에 출연하면서 유명세를 얻었습니다. 그녀의 대표 메뉴는 '덮죽'입니다. 덮죽은 덮밥에서

파생된 요리로 식감과 풍미를 살린 볶음죽에 고기와 여러 가지 채소를 곁들여 먹는 중화풍의 퓨전 요리입니다. 덮죽이 인기를 얻자, 다른 업체가 덮죽을 이용한 프랜차이즈 사업을 하려고 시도했습니다. 그러자 다른 사람의 메뉴를 도용했다는 논란이 일었고, 그 업체는 결국 사업을 접었습니다.

펭수와 덮죽 사례를 통해 상표에 대한 관심이 높아졌고 상표 출원도 증가했지만 여전히 상표에 대해 정확히 알지 못하는 사람들이 적지 않습니다. 상표(商標, brand)란 "자기의 상품과 타인의 상품을 식별하기 위하여 사용하는 표장(標章)"을 말합니다.[1] 표장이란 "기호, 문자, 도형, 소리, 냄새, 입체적 형상, 홀로그램·동작 또는 색채 등으로서 그 구성이나 표현방식에 상관없이 상품의 출처(出處)를 나타내기 위하여 사용하는 모든 표시"를 말하죠. 쉽게 말해 상표는 상품에 붙는 고유한 이름입니다.

상표와 비슷하지만 구별해야 할 개념으로 상호(商號)가 있습니다. 상호는 회사나 개인이 자신의 영업을 표시하기 위해 붙이는 명칭입니다. 상호는 사람(회사)에게 붙는 인적 개념인데 반해, 상표는 상품(서비스)에 붙는 물적 개념입니다. 예를 들어 '현대자동차 주식회사'는 상호이고, '현대자동차 주식회사'가 만든 '그랜저' '제네시스' '투싼' 등은 상호입니다. 상호는 오직 문자

---

[1]   상표법 제2조 제1항 제1호

로만 표현되지만 상표는 기호, 문자, 도형 등과 결합하여 구성될 수 있습니다. 상표와 상호는 개념적으로 구분되지만 최근 기업들은 이미지 통일화 전략에 따라 상호와 상표를 일치시키는 경우도 많습니다.

상표를 등록한 상표권자는 독점사용권(獨占使用權)과 금지청구권(禁止請求權)을 가집니다. 즉 등록상표를 독점적으로 사용할 수 있는 권리를 가지며, 다른 사람이 등록상표와 동일 또는 유사한 상표를 사용하는 경우, 그 사용을 금지하도록 요구할 수 있습니다.[2] 또한 누군가가 내 상표를 이용함으로써 손해를 입었다면 민사소송을 제기하여 손해배상을 받을 수 있습니다. 특히 고의적으로 다른 사람의 상표를 침해한 사람에게는 실제 손해액의 최대 3배까지 돈을 받을 수 있습니다.[3]

그러니 상표를 사용하기 전에 그 상표를 등록한 상표권자가 있는지 확인해봐야 합니다. 상표에 관한 사항은 특허청이 운영하는 특허정보검색서비스 키프리스(www.kipris.or.kr)를 이용하면 쉽게 확인할 수 있습니다.

---

2 상표법 제107조
3 상표법 제110조 제7항

상표는 가급적 빨리 등록해야

펭수와 덮죽이 문제가 된 배경에는 상표권자를 정하는 방식에 있습니다. 상표법은 먼저 등록을 신청(출원)한 사람에게 상표권을 주는 선출원주의(先出願主義)를 채택하고 있습니다. 쉽게 말해 선착순인 것이죠. 그러니 다른 사람이 그 상표를 등록하기 전에 가급적 빨리 상표를 등록하는 게 중요합니다.

상표 등록 과정은 네 단계(출원, 심사, 공고, 등록)로 나뉩니다.

출원(出願)은 상표 등록을 신청하는 것입니다. 간혹 '상표(특허)를 출원했다'라고 크게 홍보하는 걸 볼 수 있는데, 아직 등록되지 않았다면 홍보할 거리는 아닙니다. 출원은 단순히 신청했다는 것이고, 신청하는 건 별로 어렵지 않은 일이기 때문이죠.

출원된 상표에 대해서는 특허청이 심사를 합니다. 해당 상표가 다른 사람의 상표를 침해한 것은 아닌지, 상표로 등록할 정도의 요건을 갖췄는지 심사하는 것이죠. 심사할 때 가장 중요하게 보는 것은 식별력(識別力)입니다. 이는 다른 제품과 구별하게 해주는 힘을 의미하는데, 고유성이 있어야 식별력이 인정됩니다. 달리 말해 식별력이 없으면 상표 심사를 통과할 수 없습니다. 식별력이 없는 대표적인 예로는 상표가 특정 상품과 관련하여 그 상품의 명칭을 나타내는 상표를 말하는 경우(스낵제품의 Corn Chip), 당해 상품의 생산지를 표시하는 경우(영광굴비), 흔히 있는 자연인의 성 또는 법인, 단체, 상호임을 표시하는 명칭인 경우(이 씨, 김 씨) 등이 있습니다.

심사가 끝나면 공고(公告) 절차를 거칩니다. 상표의 공고제도는 상표가 출원된 사실을 널리 알리는 것으로, 심사의 공정성을 담보하고 등록 후 발생할 수 있는 분쟁을 미연에 방지하기 위한 것입니다. 공고된 상표에 대해 이의가 있는 사람은 이의신청을 할 수 있습니다. 공고는 대체로 2개월 정도 소요되는데 공고 과정에 문제가 드러나지 않으면 등록이 이뤄집니다.

상표를 출원해서 등록이 마무리되기까지는 대략적으로 6개월~1년 정도의 시간이 걸립니다. 상표를 빨리 사용해야 하는 사람의 입장에서는 이 시간이 매우 길게 느껴질 수 있습니다. 상표 등록을 조금 더 빨리 마무리 짓고 싶다면 우선심사제도를 활용하면 됩니다. 우선심사제도는 말 그대로 다른 건보다 먼저 심사를 해주는 건데, 우선심사를 받으려면 우선심사신청료 16만 원을 추가적으로 내야 합니다.

상표 등록을 전문가에게 맡기는 것도 방법입니다. 상표와 특허를 주로 다루는 전문가는 변리사입니다. 변리사에게 일을 맡기면 상표 등록 과정에 신경 쓰지 않아도 된다는 장점이 있습니다. 반면 비용이 많이 든다는 단점이 있죠. 그래도 특허 등록에 비해 상표 등록의 수임료는 저렴한 편입니다. 특허사무소마다 편차가 있지만 일반적인 시세에 따를 때 저렴한 곳은 10~20만 원 정도, 다소 비싼 곳은 50~60만 원 정도입니다.

소중한 상표를 지키는 방법

상표권을 갖게 된 후에도 세심한 관리가 필요합니다. 우선 상표권의 존속기간을 신경 써야 합니다. 상표권의 존속기간은 설정등록일로부터 10년이고 10년간씩 몇 번이고 계속해서 갱신할 수 있으므로 상표권은 반영구적인 권리입니다. 다만 상표권을 계속 보유하려면 상표권의 존속기간 만료 전 1년 이내에 갱신을 해야 합니다. 존속기간이 만료된 후라도 만료일로부터 6개월이 지나지 않았다면 상표권의 존속기간갱신 등록신청을 할 수 있으나 일정액의 과태료를 납부해야 합니다.

또한 권리를 지키려는 적극적인 노력을 해야 합니다. 만약 다른 회사가 무단으로 내 상표를 상품명처럼 사용하는 경우 신속하게 상표권 침해의 금지를 청구하거나 필요할 경우 침해에 의한 손해배상을 청구하여 다른 사람이 무분별하게 상표를 사용하는 것을 통제해야 합니다. 소비자나 언론이 상표를 상품명처럼 사용하는 경우에는 지속적인 홍보를 통해 해당 명칭이 내 상표라는 사실을 알리는 것도 중요합니다.

그렇다면 내 상표를 다른 사람이 이미 등록해서 사용하고 있다면 어떻게 해야 할까요? 상표를 등록하면 법적으로 상표권자가 되지만 등록을 했다고 해서 모든 게 끝난 건 아닙니다. 특허심판원에 등록무효심판을 청구하여 등록된 상표의 효력을 없앨 수 있기 때문입니다. 등록무효심판을 통해 상표를 지킨 사례로

'소녀시대'가 있습니다.

'소녀시대'는 2007년에 데뷔한 SM엔터테인먼트의 걸그룹입니다. SM엔터테인먼트가 '소녀시대' 명칭을 음반이나 음원, 비디오 등에 독점 사용하겠다며 상표등록을 하고 나서 얼마 뒤에 A씨가 '소녀시대' 명칭을 의류와 화장품 서비스업 등에 사용하겠다며 상표등록을 했습니다. A씨는 다른 상품에 사용하는 것이라서 괜찮다고 주장했지만 법원은 '소녀시대'는 SM엔터테인먼트만 사용할 수 있다고 판결했습니다.[4]

'소녀시대'가 일반공중 대부분에까지 널리 알려져서 저명성을 획득했기 때문에 A씨가 다른 상품에 사용하더라도 소비자들은 그 상품이나 서비스업이 걸그룹 소녀시대와 특수한 관계가 있는 것으로 인식할 우려가 있다는 이유에서였습니다.

상표 관리 활동을 게을리하면 상표의 관용표장화로 인해 내 상표권이 유명무실해질 수 있습니다. 상표의 관용표장화는 특정인의 상표를 해당 업계의 타 회사나 소비자가 자유롭게 사용한 결과, 해당 상표가 너무 유명해져 해당 상품 그 자체를 지칭하는 현상을 의미합니다.[5] 대표적인 경우가 '초코파이'입니다. 당초 초코파이는 새로 만든 과자의 상표였으나 경쟁사들이 초코파이

---

4 대법원 2015. 10. 15. 선고 2013후1207 판결
5 특허청 보도자료, 〈초코파이를 누구나 사용할 수 있는 이유는〉, 2021. 7. 8.

라는 명칭을 제품명으로 사용할 때 적절히 대응하지 않았고, 그 결과 관용표장화되었습니다. 누구나 초코파이를 자유롭게 사용할 수 있게 되었다는 뜻이죠. 이와 비슷한 사례로는 불닭, 매직블럭, 드라이아이스, 요요 등이 있습니다..

김변의 정리

상표는 상품에 붙어 있는 고유한 이름으로 회사(개인)에 붙는 이름인 상호와는 구별됩니다. 상표에 대한 독점적인 사용권을 가지려면 상표를 등록해야 합니다. 상표 등록은 기본적으로 선착순이므로 가급적 빨리 등록하는 게 좋습니다. 상표는 출원, 심사, 공고, 등록의 단계를 거치는데, 등록을 신속하게 끝내려면 우선심사제도를 활용할 수 있습니다.

상표가 등록되었다고 끝이 아닙니다. 제때에 갱신을 신청하여 상표의 존속기간이 만료되지 않도록 해야 하고, 타인이 내 상표를 이용하고 있으면 침해하지 말도록 요구하는 등 적극적인 관리가 필요합니다.

원주인 씨가 '센시오 주스'라는 상표를 먼저 등록한 상표권자인 것은 맞지만, 만약 박과즙 씨가 먼저 '센시오 주스'를 사용했다면, 등록무효심판을 청구해볼 필요가 있습니다.

case 32

저작권에 대해
얼마나 아십니까?

사례

신프로 씨는 소프트웨어를 개발하는 회사를 운영하고 있습니다.
신프로 씨 회사의 주력 고객은 병원입니다. 환자 진료 기록 관리,
약 처방 및 병원비 수납, 예약 업무, 비용 처리 등 병원 운영에 반드
시 필요한 SSO프로그램을 개발하여 전국의 여러 병원에 납품하
고 있습니다.

그런데 신프로 씨는 최근에 자신의 회사와 유사한 프로그램이 병원
에 판매되고 있다는 소식을 접했습니다. 유사 프로그램을 판매한
업체는 신프로 씨 회사에서 근무하다 퇴직한 김당당 씨의 회사였

습니다. 당시 김당당 씨는 신프로 씨 회사에 근무하면서 SSO프로 그램의 개발에 깊숙하게 개입하여 이에 대해 누구보다 잘 알고 있는 사람이었는데, SSO프로그램을 활용하여 거의 유사한 프로그램을 만들어서 판매한 것이었습니다.

신프로 씨는 당장 김당당 씨에게 연락을 취했습니다.

"회사 제품을 거의 그대로 복제해서 판매하면 어떡합니까!"

신프로 씨가 항의하자, 김당당 씨는 이렇게 대답했습니다.

"SSO프로그램은 제가 개발한 것이라 제가 저작권자예요. 그러니까 SSO프로그램을 사용하더라도 아무런 문제가 없습니다."

정말 김당당 씨의 말이 맞는 걸까요?

저작권 관련 기본 지식

레오나르도 다 빈치(Leonardo da Vinci)의 그림으로 알려진 〈구세주(Salvator Mundi)〉는 경매를 통해 거래된 미술품 중 가장 비싼 작품입니다. 2017년 크리스티 뉴욕 경매에서 무려 5,000억 원에 낙찰되었습니다. 물론 작품의 가치가 판매가와 비례하는 건 아니지만 미술 작품을 비롯한 다양한 창작물이 예술적인 감동을 줄 뿐 아니라 경제적으로 상당한 가치가 있다는 것은 분명한 사실입니다.

"인간의 생각이나 감정을 표현한 창작물"을 저작물(著作物)이라고 부릅니다.[1] 이 저작물을 보호하는 법률로는 「저작권법」이 있죠. 「저작권법」에서 말하는 저작물은 종류가 매우 다양한데, 대표적인 것으로는 어문저작물(소설, 논문 등), 음악저작물(가요, 팝송 등), 미술저작물(회화, 조각 등), 건축저작물(설계도, 건축물 등), 영상저작물(영화, 드라마 등)이 있습니다. 저작물이라고 하면 뭔가 예술적인 요소가 있어야 할 것 같지만 꼭 그렇지는 않고 컴퓨터프로그램도 저작물의 일종입니다.

저작물을 만든 사람(저작자)은 저작물에 대한 권리(저작권)를 가집니다. 저작권은 두 가지로 분류할 수 있습니다.

첫째, 저작물에 대해 가지는 인격적·정신적 이익을 보호하는 권리인 저작인격권(著作人格權)입니다. 저작자는 저작물을 공표할지 말지를 선택할 수 있고(공표권), 저작물에 저작자의 성명 또는 예명(필명)을 표시할 권리(성명표시권)를 가집니다. 또한 저작물을 변경하려면 저작자의 허락을 받아야 합니다(동일성유지권).

둘째, 저작물을 스스로 이용하거나 다른 사람이 이용할 수 있도록 허락함으로써 경제적 이익을 올릴 수 있는 재산권인 저작재산권(著作財産權)입니다. 구체적으로는 복제권, 공연권, 공중송신권, 전시권, 배포권, 대여권 등이 있습니다.

저작물은 혼자서 만들 수도 있지만 여러 사람이 공동으로 창

---

[1] 저작권법 제2조 제1호

작하는 일도 많습니다. 이렇게 여러 사람이 함께 만든 창작물을 공동저작물이라고 하는데, 공동저작물에 대해서 저작권을 행사하려면 공동저작자 전원이 합의해야 합니다.

직원이 만든 저작물은 누구 소유?

저작물은 인간의 생각이나 감정을 표현한 창작물이므로 저작자는 보통의 사람(자연인)이 되는 게 원칙입니다. 하지만 예외가 있는데, 바로 업무상저작물(業務上著作物)입니다. 업무상저작물은 회사와 같은 법인이 기획하여 회사의 직원이 업무상 만든 저작물을 말하는데,[2] 업무상저작물의 저작자는 법인입니다.[3] 예를 들어 방송국에 소속된 PD가 방송국의 예능프로그램을 만들었을 때 그 예능프로그램은 업무상저작물이므로 예능프로그램의 저작자는 PD가 아니라 방송국인 것이죠.

회사가 업무상저작물의 저작자로 인정받으려면 다섯 가지 요건을 갖춰야 합니다. 첫째, 회사가 저작물의 작성에 관한 기획에 관여해야 합니다. 둘째, 저작물이 직원(피용자)에 의해 작성되어야 합니다. 셋째, 업무와 관련해서 만들어진 저작물이어야 합니

---

2 저작권법 제2조 제31호
3 저작권법 제9조

다(직원이 업무와 무관하게 만든 저작물은 당연히 직원이 저작자가 됩니다). 넷째, 저작물이 회사의 명의로 공표되어야 하는데, 예외적으로 프로그램은 회사 명의로 공표되지 않아도 됩니다. 다섯째, 계약 또는 근무규칙 등에 저작자에 관해 다르게 정하지 않아야 합니다.

회사 입장에서는 마지막 요건이 중요한데, 만약 직원과 체결하는 근로계약이나 회사의 취업규칙 등에 'OOO(회사 직원)가 업무상 창작한 저작물은 OOO(회사 직원)가 저작자가 된다'라고 규정되어 있다면 저작권법에도 불구하고 그 직원이 저작자가 되니, 이 부분을 유의해야 합니다.

업무상저작물의 저작자를 창작자가 아니라 회사로 정하면 창작자는 억울하다고 생각할 수 있지만 이렇게 규정하는 나름의 이유가 있습니다. 업무상저작물은 회사에 속해 있는 여러 사람이 함께 협력하여 창작하는 일이 많아서 창작자를 한 명으로 특정하기가 쉽지 않으며 창작에 관여한 모든 이들이 각자 저작권을 행사하면 권리관계가 매우 복잡해지기 때문입니다. 또한 업무상저작물을 창작하려면 자본이 투입되어야 하는데 회사가 저작자가 되어 이윤을 얻게 해야 회사가 꾸준히 업무상저작물에 투자를 할 수 있습니다.

업무상저작물의 저작자는 회사이고 저작재산권 역시 회사가 가지므로 저작물을 이용해서 얻는 수익도 모두 회사의 몫입니다. 아무리 창작물로 회사가 큰 수익을 얻더라도 창작자는 정해진 월급 이외에 추가 수익을 달라고 요구할 수 없습니다.

그런데 저작물과 특허는 다릅니다. 「발명진흥법」에는 직무발명제도(職務發明制度)가 있어 직무에 관하여 발명을 했더라도 특허를 받을 수 있는 권리는 종업원이 가집니다. 회사는 특허를 사용할 수 있는 권리를 가지는데 이때 직원에게 정당한 보상을 해야 합니다. 저작물과 달리 특허에 관한 직원의 권리를 더 두텁게 보호하는 이유는 특허권이 저작권에 비해 엄격한 요건에 따라 인정되고 특허를 만드는 데 상대적으로 더 많은 노력이 필요하기 때문입니다.

저작권을 보호하고 침해하지 않으려면

부동산을 매수하면 등기부등본에 소유자를 기재합니다. 부동산 등기부등본에 소유관계를 기재하는 것과 비슷한 제도가 저작물에도 있습니다. 저작자의 성명 등 저작물에 관한 일정한 사실관계와 법률관계를 저작권 등록부라는 공적인 장부에 등재하여 국민에게 공시하는 저작권 등록 절차가 그것입니다. 저작권을 등록하려면 저작권등록신청서, 저작권등록신청명세서 등을 한국저작권위원회에 제출하면 됩니다. 반드시 저작권 등록을 해야 저작자의 권리가 생기는 건 아니고 저작물을 창작하면 저작자입니다. 하지만 저작자로 실명이 등록된 사람은 그 등록저작물의 저작자로 추정되니 향후에 발생할 수 있는 저작권 관련 분쟁을 예방하는 차원에서 등록을 해두는 것도 좋습니다.

저작물을 이용하려면 원칙적으로 저작권자에게 허락을 받아야 하고, 허락이나 정당한 대가를 지불하지 않고 저작물을 이용하는 건 저작권을 침해하는 일입니다. 저작권을 침해하면 민사상 손해배상을 해야 할 뿐 아니라 형사적으로 처벌을 받을 수도 있습니다.

저작권 관련해서 회사들이 자주 문제를 겪는 분야가 글자체(폰트)입니다. 다른 회사가 개발한 글자체를 함부로 썼다가 손해배상을 요구받았다는 뉴스를 자주 접합니다. 글자체는 매우 단순해 보이지만 폰트를 만들려면 상당한 노력이 필요하고, 하나의 글자체를 창작해내기 위해 2,000~10,000자 정도의 글자를 만들어야 한다고 합니다.

컴퓨터프로그램도 저작물의 일종이니 글자체를 만드는 파일도 저작권법의 보호를 받는 저작물입니다. 따라서 글자체 파일을 무단으로 사용하거나 복제, 전송, 배포하는 행위는 저작권 침해에 해당합니다.[4] 다만 글자체 자체는 저작물이 아니어서 특정 글자체와 유사하게 손으로 쓰거나 글자체를 사진으로 찍어서

---

4   대법원 2001. 6. 29. 선고 99다23246 판결

활용하는 건 저작권 침해가 아닙니다.

저작자의 허락 없이도 저작물을 이용할 수 있는 경우도 있습니다. 공표된 저작물은 보도·비평·교육·연구 등을 위해서는 정당한 범위 안에서 공정한 관행에 합치되게 이를 인용할 수 있습니다.[5] 정당한 이용인지는 인용의 목적, 저작물의 성질, 인용된 내용과 분량, 저작물에 대한 보통 사람들의 생각, 원저작물에 대한 수요를 대체하는지 여부 등을 종합적으로 고려해서 판단합니다.[6] 한편 대법원은 인터넷 검색사이트에서 원저작자의 허락을 받지 않고 그의 사진작품을 이미지 검색의 썸네일(소개) 이미지로 사용한 사안에서, 저작권법상 정당한 범위 안에서 공정한 관행에 합치되게 사용한 것이니 저작권 침해가 아니라고 판단한 바 있습니다.[7]

저작권에 대한 중요성은 날이 갈수록 중요해지는데 저작권에 관한 법리는 그 내용이 복잡한 편입니다. 회사의 소중한 자산인 저작물을 지키고 다른 회사의 저작권을 부당하게 침해하지 않으려면 필요한 지식이 매우 많습니다. 저작권에 대해 깊이 공부하지 않은 보통의 사람이 이걸 다 알기는 어렵죠. 따라서 한국저작권위원회는 저작권과 관련하여 중소기업이 겪을 수 있는 다

---

5 저작권법 제25조
6 대법원 2004. 5. 13. 선고 2004도1075
7 대법원 2006. 2. 9. 선고 2005도7793 판결

양한 문제를 지원하기 위해 '중소기업저작권서비스'를 제공하고 있습니다. 저작권 교육 및 자문, 저작물의 사업화를 희망하는 유망 콘텐츠 신생기업 등에 컨설팅을 하고 자금도 지원하는 저작권육성지원기업 선정도 하고 있으니, 필요하다면 한국저작권위원회의 도움을 받으면 됩니다.

김변의 정리

저작자는 저작인격권과 저작재산권을 모두 가지는데, 창작자가 여럿인 저작물은 저작자가 공동으로 저작권을 가집니다. 저작물을 창작한 사람이 저작자가 되는 게 원칙이지만 예외적으로 업무상저작물은 창작자가 아니라 창작자가 속한 회사가 저작자가 됩니다.

저작권에 관한 분쟁을 예방하려면 한국저작권위원회에 저작권을 등록하는 게 유용합니다. 또한 한국저작권위원회가 제공하는 중소기업저작권 서비스도 활용해보는 게 좋습니다.

한편, 신프로 씨 회사의 SSO프로그램은 업무상 저작물로 신프로 씨 회사가 저작권자일 가능성이 높습니다.

case 33
똑똑한 채권 관리로
새는 돈 막는 법

어릴 때부터 빵을 좋아했던 윤제빵 씨는 호텔제과제빵학과에 진학해서 제과기능사 자격증을 취득했습니다. 졸업 후 제과점에서 경력을 쌓았고 마침내 회사까지 만들었습니다.

윤제빵 씨의 빵은 맛과 영양이 모두 뛰어나서 찾는 손님이 많았습니다. 유명세를 얻으면서 백화점이나 대형 마트에도 납품을 하게 되었죠. 그런데 문제는 빵을 공급받은 곳에서 제때 대금을 지급하지 않는다는 점입니다. 계약서에 따르면 제품을 공급받고 나서 1개월 이내에 돈을 줘야 하지만 기한을 넘기기 일쑤였습니다. 짧게는 몇 개월, 길게는 1년 넘게 지급되지 않는 일도 있었습니다.

그러던 어느날, 윤제빵 씨 회사의 재무담당자가 자금 내역을 정리하다 다팔아백화점에서 납품대금을 한참 동안 지급하지 않았다는 걸 발견했습니다. 윤제빵 씨는 다팔아백화점 담당자에게 연락을 취했습니다.

"아, 그건은 저희도 잘 알고 있습니다. 곧 지급할 테니 조금만 기다려주세요."

애가 탔지만 백화점의 힘이 더 센 상황이라 심하게 독촉할 수도 없었습니다. 그렇게 시간이 한참 흘렀고 윤제빵 씨 회사는 여전히 백화점으로부터 돈을 받지 못했습니다. 다시 연락을 했더니 이번에는 다팔아백화점 담당자가 다른 이야기를 합니다.

"그건은 시간이 너무 많이 흘러서 처리하기 힘듭니다."

윤제빵 씨는 눈 뜨고 돈을 떼이게 되었다는 생각에 요즘 밤잠을 이루기 힘듭니다.

시간이 지나면 권리도 사라진다

전인권의 노래 〈걱정 말아요 그대〉에는 이런 가사가 있습니다.

"지나간 것은 지나간 대로 그런 의미가 있죠. 떠난 이에게 노래하세요. 후회없이 사랑했노라 말해요."

후회 없이 사랑한 것으로 충분하니 과거의 연인에 대한 마음은 내려놓고 오늘을 살자는 뜻입니다. 과거의 일을 과거의 일로

묻어두자는 것이죠. 이러한 생각은 법에서 시효제도(時效制度)를
두고 있는 취지와 비슷합니다.

시효제도는 일정한 사실 상태가 상당한 기간 동안 계속된 경
우에 그 사실 상태가 진정한 권리관계와 일치하는지를 따지지
않고 현재의 사실 상태에 일정한 법률효과를 인정해주는 것입
니다. 흔히 "법은 권리 위에서 잠자는 자를 보호하지 않는다"라
는 말을 하는데, 이 말이 바로 시효제도의 특징을 보여주는 겁니
다. 권리가 있더라도 그 권리를 사용하지 않고 가만히 방치하면
그 권리를 더 이상 누릴 수 없게 만드는 게 시효제도인데, 시효
제도를 인정하는 이유는 법적인 안정성을 얻기 위해서입니다.

내 땅이라고 생각해서 집을 짓고 30년 이상을 살았는데 갑자
기 어떤 사람이 나타나서 '이 땅은 내 소유의 땅이니 당장 집을
철거하라'라고 한다면 매우 당황스러울 수밖에 없습니다. 땅이
원래 누구의 소유였는지도 중요하지만, 현재 그 땅을 사용하고
있는 사람의 이익도 고려할 필요가 있습니다. 그래서 우리 민법
은 20년간 소유의 의사로 평화롭게 부동산을 점유하면 소유권
을 취득할 수 있다고 규정하고 있고,[1] 이걸 취득시효(取得時效)라고
부릅니다.

취득시효가 시간이 지나면 일정한 권리를 얻는 것인데 반해,

---

1   민법 제245조 제1항

소멸시효는 시간이 지나면 일정한 권리를 상실하는 겁니다. 소멸시효(消滅時效)란 권리자가 그의 권리를 행사할 수 있었음에도 불구하고 일정한 기간 동안 그 권리를 행사하지 않는 상태가 계속된 경우에 그 사람의 권리를 소멸시키는 제도를 말합니다.

돈을 받을 수 있는 권리를 채권(債權)이라고 하는데, 채권의 소멸시효는 채권의 종류에 따라 다릅니다. 가장 일반적인 민사채권의 소멸시효는 10년입니다. 하지만 상사채권은 그보다 짧은 5년이라는 점을 유의해야 합니다. 상사채권은 금전 거래의 원인이 상거래인 경우를 말하는데, 회사가 가지는 채권은 대체로 상사채권으로 보면 됩니다. 한편 소멸시효 기간이 5년보다 더 짧은 채권도 있습니다. 대표적으로는 생산자나 상인이 판매한 생산물 및 상품의 대가인 물품대금인데, 물품대금 채권의 소멸시효는 3년입니다.

소멸시효기간이 언제까지인지는 채권의 성질 및 종류에 따라 달라지지만, 소멸시효기간이 몇 년인지 명확하지 않은 경우가 있습니다. 그래서 실제 소송에서도 소멸시효기간을 얼마로 봐야 하는지가 쟁점이 되는 경우가 많습니다. 혹시 소멸시효기간이 애매한 경우에는 법률전문가에게 자문을 구하는 게 안전하며, 가급적 보수적으로 계산해서 조기에 조치를 취하는 게 안전합니다.

혹자는 몇 년이 지나도록 돈을 받지 않는 게 이상하다고 느낄 수도 있습니다. 하지만 실무에서는 드물지 않은 일입니다. 돈을 줘야 할 채무자가 차일피일 미루는데 채무자가 우월적 지위에 있는 경우라면 돈을 달라고 독촉하는 일도 쉽지 않거든요. 또한 채권을 관리하는 담당자가 기간을 충실히 챙기지 않거나 그 업무를 맡았던 담당자가 바뀌면서 받을 돈이 있다는 사실을 잊어버리는 일도 종종 생깁니다. 그러니 받을 돈은 제때에 받는 게 가장 좋고, 만약 그게 안 된다면 채권 목록을 철저하게 관리하여 기간이 지나지 않도록 각별하게 유의해야 합니다.

소멸시효에 걸리지 않으려면

뒤늦게 받을 돈이 있다는 걸 알게 되어 손쓸 도리가 없는 상황에 처하면 얼마나 억울할까요? 이런 일을 피하려면 소멸시효가 완성되기 전에 미리 대비를 해야 합니다. 구체적으로는 소멸시효가 진행되는 걸 막기 위한 조치가 필요합니다.

가장 일반적인 방법은 돈을 지급하라는 소송을 제기하는 겁니다. 소송이 제기되었는지 가리는 기준은 소장(訴狀) 제출입니다. 소장이 법원에 제출되면 소멸시효가 중단되어 더 이상 소멸시효가 진행되지 않습니다. 소송을 제기하는 게 번거롭다면 지급명령(支給命令)을 활용할 수도 있습니다. 지급명령이란 보통의 소송절차에 따르지 않고 간이·신속하게 채권자로 하여금 그 권리를 행사할 수 있도록 한 독촉절차²를 말합니다. 쉽게 말해 지급명령은 신청한 사람의 주장만 듣고 돈을 지급하라는 명령을 내리는 겁니다. 신청인의 일방적 주장만 듣고 지급명령을 하는 건 불합리하다고 생각할 수 있지만, 지급명령에 대해 이의신청이 가능하므로 지급명령을 받은 쪽에서도 그렇게 불리한 것은 아닙니다.

소송 제기와 지급명령 신청은 어떻게 보면 간단한 수단이지만 법적인 절차에 익숙하지 않은 사람에게는 낯설 수 있습니다. 두 가지 모두 법원에 서류를 제출해야 하는데 소장이나 지급명령 신청서를 어떻게 작성하는지 잘 모를 수 있기 때문이죠.

소송 제기와 지급명령 신청보다 훨씬 간단한 절차는 채무자에게 돈을 달라고 요구하는 겁니다. 이렇게 채권자가 채무자에게 이행을 청구하는 걸 최고(催告)라고 부릅니다. 최고가 정확한 표현이지만, 쉽게 이해할 수 있도록 '청구'라고 하겠습니다. 단순히 말로 청구를 할 수도 있지만 청구를 했다는 기록을 남겨두는 게 중요하기 때문에 가급적 내용증명 우편을 활용하거나 문자 메시지를 보내는 게 낫습니다. 말로 할 때에는 그 내용을 녹음해둬야 합니다.

청구를 할 때 반드시 유의해야 할 내용이 있습니다. 소송을 제

---

2 민사소송법 제462조

기하면 그 뒤로 쭉 소멸시효가 중단되지만 청구는 임시적인 조치라서 그걸로 충분하지 않습니다. 청구를 하고 나서 6개월 이내에 소송을 제기해야 소멸시효가 중단됩니다.[3] 만약 청구 뒤에 6개월이 지나도록 소송을 제기하지 않으면 소멸시효가 중단되지 않으니 각별히 유의해야 합니다.

이미 소멸시효가 지났다면

소멸시효기간이 이미 지났다면 돈을 돌려받을 수 없습니다. 돈을 받을 권리가 이미 사라져버렸기 때문입니다. 그러나 가능성이 전혀 없는 건 아닙니다. 소멸시효가 완성되었더라도 채무자가 그 사실을 모르고 있다면 희망이 있습니다.

소멸시효가 완성된 경우에는 채권자가 돈의 일부라도 갚을 것을 요청하는 게 낫습니다. 만약 채무자가 돈을 조금이라도 갚았다면 채무가 있다는 사실을 승인한 것으로 볼 수 있고, 시효이익을 포기한 것으로 추정되기 때문입니다.[4] 채무자가 소멸시효 제도를 통해 누릴 수 있는 혜택을 포기했으니 소멸시효가 지났다는 사실이 문제되지 않습니다. 다만 채무자가 시효이익을 포

---

3   민법 제174조
4   대법원 2017. 7. 11. 선고 2014다32458 판결
5   민법 제744조

기했는지는 채무자의 진정한 의도, 사회정의와 상식 등을 고려하여 판단해야 하는 다소 복잡한 문제이기는 합니다.

그렇다면 소멸시효가 완성되었는데 채무자가 그 사실을 모른 상태에서 돈을 갚았다가 나중에 그 사실을 안 경우에, 돈을 받은 채권자는 그 돈을 돌려줘야 할까요? 얼핏 생각하면 소멸시효가 완성되어 돈을 받을 권리가 사라졌으니 채권자가 다시 돈을 돌려줘야 할 것 같지만 그렇지는 않습니다. 원래 당연히 갚았어야 하는 돈이기 때문에 소멸시효가 지난 뒤에 채권자가 돈을 받은 것도 유효합니다.[5]

김변의 정리 ⚖

원래 돈을 받을 권리(채권)가 있었더라도 소멸시효가 지나버리면 소용이 없습니다. 일반적으로 회사가 가지는 채권은 소멸시효가 5년이지만 항상 그런 것은 아니니 개별 사례별로 유심히 살펴볼 필요가 있습니다.

상당한 시간 동안 돈을 받지 못했다면 소멸시효를 중단시키는 게 중요하고 소송을 제기하는 게 가장 확실한 방법입니다. 상대방에게 청구를 한 경우에는 6개월 이내에 소송을 제기해야 한다는 점을 명심해야 합니다.

주요 참고자료 목록

단행본과 논문 등

- 「(꼭! 알아야 할) 영업비밀 관리비법」 특허청 산업재산보호과, 2012년
- 「담합행위에 대한 형사법적 대응방안」 권수진·신영수·김호기, 최문숙, 한국형사정책 연구원, 2011년
- 「벤처기업 주식매수선택권 매뉴얼 및 표준계약서」 중소벤처기업부, 2021
- 「저는 스타트업이 처음인데요」 권오상, 한빛비즈, 2018년
- 「중소기업 CEO가 꼭 알아야 할 법률 이야기」 고윤기·김대호, ㈜양문, 2016년
- 「직장 갑질 사건 법률지원 매뉴얼」 서울지방변호사회, 2020년
- 「직장 내 성희롱 예방 대응 매뉴얼」 고용노동부, 2020년
- 「회사법상 경영판단 원칙의 도입」 최완진, 기업지배구조리뷰, 2014년

언론기사

- 〈담합 손해배상액을 줄이기 위한 몇 가지 전략〉, 정양훈,《비즈한국》, 2021. 5. 31.
- 〈전직금지약정의 유효성 및 한계〉, 장경수,《노동법률》, 2007. 3
- 〈합격 취소와 부당해고에 관한 문제 검토〉, 장현진·이광선,《법률신문》, 2020. 10. 23.

인터넷 사이트

- 기업법률서포터 https://brunch.co.kr/magazine/checklaw
- 스타트업X법 https://brunch.co.kr/magazine/startupnlaw
- 인사노무사례 100개면 되겠니? https://brunch.co.kr/magazine/laborlaw100
- 스타트업 Must Know https://brunch.co.kr/magazine/s-campus

사장이 가장 많이 겪는 회사 소송 33

초판 1쇄 발행 2022년 6월 20일

지은이 김민철
펴낸이 정덕식, 김재현
펴낸곳 (주)센시오

출판등록 2009년 10월 14일 제300-2009-126호
주소 서울특별시 마포구 성암로 189, 1711호
전화 02-734-0981
팩스 02-333-0081
메일 sensio@sensiobook.com

편집 최은영
디자인 Design IF

ISBN 979-11-6657-069-8 (03320)

소중한 원고를 기다립니다. sensio@sensiobook.com